「想像」∞「創造」が育む
未来を『そうぞう』する子ども

各教科・領域の
20事例を
一挙公開！

大阪教育大学附属平野小学校 著

JN041889

明治図書

はじめに

　本校では2016年度より文部科学省研究開発学校の指定を受け，新教科「未来そうぞう科」及び各教科・領域における「未来そうぞう」の研究開発に取り組んでまいりました。2019年度末で４年間の指定期間を終えましたが，今年度は教育課程特例校として，引き続き「未来そうぞう科」の研究開発を続けております。今年度から全面実施されている小学校新学習指導要領には，「これからの社会が，どんなに変化して予測困難な時代になっても，自ら課題を見つけ，自ら学び，自ら考え，判断して行動し，それぞれに思い描く幸せを実現してほしい。そして，明るい未来を，共に創っていきたい。」という思いが込められていますが，これは私たちが「未来そうぞう科」に込めた思いと大いに共通するところであります。今年，世界中で猛威を振るっている新型コロナウイルス禍は，まさしく予測困難な時代の到来ですが，そのような時代に直面しても，明るい未来を共に創っていく子どもたちが育つ礎を築いていければと思います。

　さて，本書は2017年度から毎年発行している「未来を『そうぞう』する子どもを育てる探究的な授業づくり」，「未来を『そうぞう』する子どもを育てる授業づくりとカリキュラム・マネジメント」，「未来を『そうぞう』する子どもを育てる授業づくりと学習評価」に続く第４弾として，４年次の研究を中心に，４年間の研究成果を図書としてまとめたものです。３年次の研究では，「未来そうぞう科」及び各教科・領域における「未来そうぞう」の学習展開によって，未来を「そうぞう」する子どもに必要となる主体的実践力，協働的実践力，創造的実践力の３つの資質・能力が実際に高まっているか，教師側６観点，子ども側６観点からの評価を試みました。しかし，教師側の指導計画が立てやすくなった反面，観点が多いために子どもとの共有が難しく，子どもたちの自己評価がしにくいことが明らかになりました。そこで評価の観点を整理し直して，教師側の観点を①イメージ力②クリエイト力③レジリエンスの３観点に，子ども側の観点をそれらに対応した①考えてみる②やってみる③最後までやりぬくの３観点にまとめました。そして，ポートフォリオによる自己評価をベースにしながら，多角的・多面的な見方ができるように，教師や児童，保護者，ゲストティーチャーからの評価も取り入れた対話型評価を試みました。

　2020年２月に開催した授業研究発表会では，ブースを設けて未来そうぞう科および未来そうぞうの授業を受けてきた本校卒業生や在校生，子どもたちの保護者，過去のゲストティーチャーの人たちから，この「未来そうぞう」の授業を受けた感想・関わった感想を直接聞くことのできる場を設定したのですが，卒業生の「自分たちで考えて，やりたいことを思いっきりやれたから，こんな面白いことはない」という発言に，「未来そうぞう科」の未来を感じました。残念ながら本書だけでは研究の内容を十分にお伝えしきれない点もありますので，是非本校を訪問参観していただき，ご忌憚のないご意見・ご教示を賜りますよう，お願い申し上げます。

　2021年１月　　　　　　　　　　　　大阪教育大学附属平野小学校　学校長　出野　卓也

もくじ

1章
総論編

1 「未来を『そうぞう』する子ども」（第4年次）

1 研究の概要

⑴未来を『そうぞう』する子どもとは

　今の世の中は，科学技術が日増しに進歩し，社会構造も急速な変化が進み，未来に対して見通しを持ちにくい時代となっていると考えられる。そのような時代を生きていく子どもたちが未来に対して，希望を持って強く生き抜くことができるのか。考えた結果，どんな状況においても，希望を持って自ら行動し，みんなでよりよい未来をつくろうと，あきらめずそうぞう（想像・創造）し続けられれば，よりよい未来をつくっていくことができるのではないだろうかという考えに至った。自分が置かれている状況にかかわらず，その中で希望を持ち，よりよい未来を求めて自ら行動を起こすことができる，人と共に協働してよりよい未来をつくることのできる，そのような過程に意味や価値を見出し続けることができる。そんな力があれば，先の見えない未来においても，従来，評価されてきた資質・能力に加えて新たな資質・能力を発揮して，自分自身で道を切り開き，前を向いて生きていくことができるであろう。そこで，そのような「未来を『そうぞう』することのできる子ども」を以下のように定義した。

【未来を『そうぞう』する子ども】

> 　どんな状況においても，共によりよい未来をそうぞう（想像・創造）しようと，「主体的実践力」「協働的実践力」「そうぞう的実践力」を発揮し，【自分自身】【集団や人間関係】【社会や自然】などに対して，多角的・多面的にアプローチし続けることができる子ども

⑵研究開発課題

　「未来を『そうぞう』する子ども」を研究主題とし，「未来を『そうぞう』する子ども」の育成に向けて研究開発を進め，本年度はその第4年次となる。「未来そうぞう」という主題に向けて，以下の研究開発課題に取り組んでいる。

【研究開発課題】

> 　新教科「未来そうぞう科」と「各教科における『未来そうぞう』」を設定し，学校教育全体において「主体的実践力」「協働的実践力」「そうぞう的実践力」の3つの資質・能力を育成することを目的として教育課程及び教育方法，評価等の研究開発を進めていく。

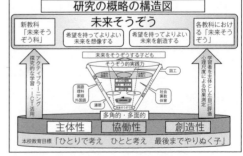

図1　本研究の概略の構造図

⑶未来を『そうぞう』する子どもに必要となる3つの資質・能力

　「未来を『そうぞう』する子ども」に必要な資質・能力を「主体的実践力」「協働的実践力」「そうぞう的実践力」の3つ，設定した。

【未来を『そうぞう』する子どもに必要となる3つの資質・能力】

主体的実践力………対象に対して主体的，自律的にアプローチすることができる力	
協働的実践力………多様な集団の中においても，積極的に関わり協働的にアプローチすることができる力	
そうぞう的実践力…よりよい未来をつくるために，アプローチし続ける中で，新たに意味や価値を見出すことができる力	

本校では，約50年近く続く同じ学校教育目標<u>「ひとりで考えひとと考え最後までやりぬく子」</u>を基軸として，「未来に向かって力強く生きていく豊かな人間性」を育むことを重視してきた。この学校教育目標における「ひとりで考え」は知的好奇心に基づく「主体性」，「ひとと考え」は支え合う「協調性」，「最後までやりぬく」は自己実現に向かう「創造性」を指すものである。この本校における取り組みを基盤とし，これらを実践できる力を確実に育むことによって，「未来を『そうぞう』する子ども」を育成することができるのではないか。そこで，それぞれ「主体性」「協調性」「創造性」を実践することのできる力を「主体的実践力」「協働的実践力」「そうぞう的実践力」とし，学校教育全体において育成しようと考えた。

3つの資質・能力の関係性については，図2に示す通りである。子どもたちは対象にアプローチする時に，主体的，自律的に考えたり行動したりする。他者と協力することでその考えや行動はより広がり，深まる。考えや行動に新たに意味や価値を見出すことは，対象の未来をよりよいものへとつくり変え続けることである。この一連の営みの中で子どもたちが主体的実践力と協働的実践力を両輪として発揮することによって，長期的にそうぞう的実践力を育成できる。これらの資質・能力は予測の困難な時代において，新しい未来を切り拓き，生き抜くために必要になると考える。

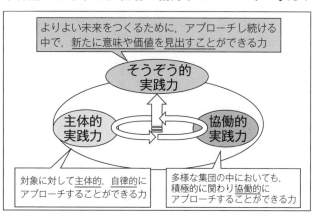

図2　3つの資質・能力の関係性

2 研究の内容

⑴ "未来を『そうぞう』する子ども"に向けての構想

本研究では，「未来を『そうぞう』する子ども」の育成に向けて，学校教育全体で3つの資質・能力を育むために，新しく新教科「未来そうぞう科」及び「※各教科における『未来そうぞう』」を設定した（図3）。「そうぞう」は，よりよい未来を「想像」する，よりよい未来を「創造」するという両方の意味を兼ね備えている。とりわけ3つの資質・能力を育むことに特化した新教科「未来そうぞう科」では，自分，他者，社会・自然を学びの対象として，子ども自身

が問いを持ち，協働的に活動しながら，様々な方法で課題解決を行う。未来そうぞう科は，本研究の教育課程の中で，中核を担うものである。未来そうぞう科を中核に据え，各教科も含め，"未来を『そうぞう』する子ども"の育成をめざすこととする。

※道徳と外国語活動においては，令和２年度より新教科等として創設されるため，本校においては，例外的に教科として位置づけるものとする。

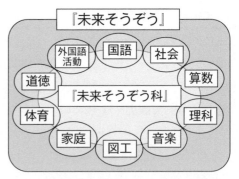

図３　各教科と「未来そうぞう科」の構想図

(2)イメージ・クリエイト

　子どもは，「イメージ（想像）」と「クリエイト（創造）」を繰り返しながら対象に対して向き合っていく。子どもたちは学びの対象と向き合う中で現状がよりのぞましいものへと変容することを思い描き，新しく行動をおこしたり，立ち止まったりする。このような一連の営みは「未来そうぞう科」だけではなく，既存の教科においても行われると考える。イメージ・クリエイトは互いに往還しながらもより広がり，深

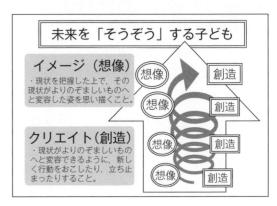

図４　イメージ・クリエイト

まりのある「イメージ」がより具体的な「クリエイト」につながり，その「クリエイト」がさらに広がり，深まりのある「イメージ」へとつながっていく。このように「イメージ」と「クリエイト」の質を高めながら「未来を『そうぞう』する子ども」をめざして進んでいく。

(3)新教科「未来そうぞう科」

　新教科「未来そうぞう科」とは，「未来を『そうぞう』する子ども」に必要な「主体的実践力」「協働的実践力」「そうぞう的実践力」という資質・能力を６年間かけて育成することを目標として，１〜６年生を対象に設定した新教科である。これは，現学習指導要領の「生活科」「総合的な学習の時間」「特別活動」の時間を合わせて設定している。基本的には，従前の「生活科」「総合的な学習の時間」「特別活動」の時間の学習内容を基盤としたものである。ただし，「生活科」において９つの内容が定められているが，現状の「総合的な学習の時間」には内容の取り扱いは書かれているが系統的に示されていないことや，「特別活動」における「学級活動」においても学習内容は示されているものの，具体的な学習展開については十分に示されていないことを踏まえ，新教科「未来そうぞう科」では，系統的に資質・能力を育むカリキュラムと具体的な実践事例を示していく。

　また，新教科「未来そうぞう科」の目標や見方・考え方，３つの領域については，新教科「未来そうぞう科」の学習指導要領に示す。

3 本年度の研究の具体

　本研究では，新教科「未来そうぞう科」と「各教科における『未来そうぞう』」という教育課程において「未来を『そうぞう』する子ども」の育成をしたい。新教科「未来そうぞう科」の対象については，A領域【自分自身】B領域【集団や人間関係】C領域【社会や自然】の３つの視点で学習展開を行うことで，様々な視点を持つことが可能になり，みんなにとってよりよい未来のそうぞうについて考えを深めることができると考えられる。

　また，「主体的実践力」「協働的実践力」「そうぞう的実践力」という３つの資質・能力を育成するためには，本研究における学習展開の妥当性を把握しながら，実際に子どもたちの資質・能力が高まっているかを見取っていくことが必要であると考えられる。そこで，本研究では新教科として，現状の評価方法をそのまま活用するのではなく，未来そうぞう科の３つの資質・能力を見取るために適切な評価の観点や方法を明らかにすることが必要とされる。その評価活動をその後の学習展開へと生かすことで，より充実した学習になるようにしていきたい。以上を踏まえて，本校の研究の仮説を以下のように定めることにする。

【３つの研究仮説】

> (1)新教科「未来そうぞう科」の学習指導要領を作成することにより，学校全体で系統性を持って学習内容を進めることができ，より一層３つの資質・能力の高まりをめざすことができる。
>
> (2)新教科「未来そうぞう科」として，評価の観点と具体的な評価方法を明らかにし，実施することで，新教科「未来そうぞう科」における３つの資質・能力をより一層豊かに育むことができる。
>
> (3)既存の教科においても「そうぞう的実践力」を発揮する姿をめざし，手立てを講じることで，新教科「未来そうぞう科」における３つの資質・能力をより一層育むことができる。

⑴新教科「未来そうぞう科」の学習指導要領の作成

　新教科「未来そうぞう科」を含めた教育課程編成を構成していく上で，３つの資質・能力や学習内容について，３年次以降，実践を重ねてきた結果，明らかとなったことを示す。

　①３つの資質・能力の構造化と資質・能力表の完成

　３つの資質・能力の中にはその１つの授業で見取れるものもあれば，長い時間をかけて見取れるものもあるということが明らかとなった。主体的実践力や協働的実践力は，１つの授業のその瞬間においても発揮できるものである。しかし，そうぞう的実践力においては，長期的な学びの蓄積が必要である。このような特性を踏まえて，３つの資質・能力を構造化すると，図５に示す通りとな

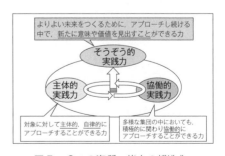

図５　３つの資質・能力の構造化

り，子どもの主体的実践力や協働的実践力が両輪となって発揮されることによって，長期的に

そうぞう的実践力が育成できると考えられる。つまり，そうぞう的実践力の中に，主体的実践力や協働的実践力が包括されると言える。また構造化を踏まえ，未来そうぞう科において，それぞれの領域で育みたい子ども像を職員全体で共有し，その子ども像に向けて，低学年，中学年，高学年がどのような資質・能力を身につけておくとよいのかを改めて検討し，15回目の改訂を繰り返してできた「資質・能力表」（表1）を完成させた。この「資質・能力表」をもとに新教科「未来そうぞう科」の学習指導要領を作成した。さらに本年度の新教科「未来そうぞう科」の計画カリキュラムを示す。

表1　未来そうぞう科の「資質・能力表」

A 自分自身を対象とする内容
自分自身を知ることで，希望を持って生きていく自分自身の将来の姿を「想像」し，そのイメージを実現し「よりよい未来」を「創造」するためにはどのように生きていくことが望ましいのか，自分自身にアプローチすることができる学習展開を行う。

【A 領域におけるめざす子ども像】
自分を肯定的に受け入れ，他者との関わりの中で自分を捉えなおし，未来をよりよく生きるために，今の自分に意味や価値を見出し続けることができる子ども

	そうぞう的実践力	過去・現在に見通しを持って，多角的・多面的な見方・考え方を働かせて，自分のあり方に意味や価値を見出し続けることができる。	
高学年	主体的実践力	自分を肯定的に受け入れ，自分を捉えなおし，困難さがあってもくじけずに自ら対象に関わり続けることができる。	協働的実践力：他者との関わりの中で自分を捉えなおし，自分とは違う立場の人の見方・考え方と，比べたり関連づけたりして，受け入れることができる。
	そうぞう的実践力	過去・現在を見通して，様々な見方・考え方を働かせ，今の自分を高めようとする過程に対して意味や価値を見出すことができる。	
中学年	主体的実践力	今の自分を高めようと，自分の決めた課題に対して自ら対象に関わり続けることができる。	協働的実践力：他者との関わりの中で，今の自分を高めようと自分とは違う立場の人と協力することができる。
	そうぞう的実践力	課題を解決するために，現在の興味から，自分なりに工夫し，自分を高めることができる。	
低学年	主体的実践力	自分の決めた課題に対して自ら進んで活動することができる。	協働的実践力：課題を解決するために，友だちと協力することができる。

B 集団や人間関係を対象とする内容
多様な集団との関わりの中で，人の気持ちを「想像」し，人との関わりを深めることが「よりよい未来」の「創造」へとつながっていくということを実感でき人間関係形成につながるように，人と人との関わり方にアプローチすることができる学習展開を行う。

【B 領域におけるめざす子ども像】
自分が所属する集団での課題解決を通して，仲間意識を持ち，多様な集団の中で活動することへの意味や価値を見出し続けることができる子ども

	そうぞう的実践力	自分が所属する集団の中で活動することへの意味や価値を見出し続けることができる。	
高学年	主体的実践力	自律的に判断しながら，方向付けて活動することができる。	協働的実践力：自分の役割を理解して，他者の思いやねがいを受け入れ認め合いながら，協力することができる。
	そうぞう的実践力	自分が所属する集団における課題解決を通して，自分の役割にやりがいを持つことができる。	
中学年	主体的実践力	集団の関係や活動内容がよりよくなるように意見を出したり，自ら進んで楽しんで活動に参加したりすることができる。	協働的実践力：他者の思いやねがいを受け入れ，協力することができる。
	そうぞう的実践力	自分が所属する集団での課題解決を通して，人と関わることへの楽しさを見つけることができる。	
低学年	主体的実践力	楽しんで活動に参加することができる。	協働的実践力：他者の意見を聞いて，仲良くすることができる。

C 社会や自然を対象とする内容
自分を取り巻く「社会」や「自然」について「自分事」として捉え，社会や自然の「よりよい未来」の「創造」に向けて，それらに対して自分なりにできることを「想像」し，社会や自然にアプローチすることができる学習展開を行う。

【C 領域におけるめざす子ども像】
よりよい未来をそうぞうするために，他者と共にどのような課題においても，課題解決のためにアプローチし続ける子ども

	そうぞう的実践力	対象のよりよい未来の実現のために，様々なものごとを多角的・多面的に捉え，それぞれの意味や価値を見出し，あきらめず活動したり発信したりし続けることができる。	
高学年	主体的実践力	対象を自分事として捉え，これまでの学びや経験をいかして，課題解決に向けて自律的に活動することができる。	協働的実践力：自分とは違う価値観を受け入れ認め合いながら，協力して対象に働きかけることができる。
	そうぞう的実践力	対象のよりよい未来のために，現状を捉え，多様な方法からつながりを見出しながら，見通しを持って考えたり活動したりできる。	
中学年	主体的実践力	対象を自分事として捉え，これまでの学びや経験をもとに，課題解決に向けて試行錯誤しながら活動することができる。	協働的実践力：対象とは違う様々な思いや考え方を受け入れ，協力して働きかけたり活動したりすることができる。
	そうぞう的実践力	対象のよりよい未来のために，自分なりに工夫しながら，考えたり活動したりすることができる。	
低学年	主体的実践力	対象に関心を持ち，これまでの学びや経験を思い出し，課題解決に向けて楽しんで活動することができる。	協働的実践力：自分とは違う思いや気付きを知り，協力して働きかけることができる。

(2) 3つの資質・能力を高める未来そうぞう科の評価について

① 評価の基本的な捉え

　未来そうぞう科の評価は一人ひとりの資質・能力向上に向けての評価であり，現状の子どもの出来不出来を決定づけるためのものではない。単元のねらいとする目標を明らかにして，教師が手立てを考える。その目標に対する実際の子どもの考えや姿を見取る。教師自身が自分の授業をふりかえり，子ども一人ひとりの考えや姿に価値を見出す。そして，その子のよりよい成長に向けて，指導計画の見直しや教師の手立てを考える。これらを繰り返すことで授業改善が図られ，3つの資質・能力が高められると考える。

② 評価の観点

　昨年度，3つの資質・能力を発揮している姿を6つの観点（※1）にまとめた。この評価の観点は教師だけではなく，子どもと共有することで，子どもが自分自身を自己評価することが可能となる。この6つの観点の中のいずれかに焦点化して自分をふりかえることで，現在の自分

令和元年度　計画カリキュラム

	A　自分自身	B　集団や人間関係	C　社会や自然
6年	アイデンティティの芽生え		
	LIFE・My LIFE 「過去の自分」と「今の自分」を見つめ，よりよい「未来の自分」の姿を想像し，今できることを考えてそうぞうし続ける力を育成する。	**和!!縁ＪＯＹ** 友だちタイムの活動を通して，自分の役割を理解し，フォロワーシップを発揮しながら，企画・運営することに価値を見出し続ける力を育成する。	**校庭キャンプ de 発見** 「無」から「有」を生み出す体験を通して，多角的・多面的な視点から普段の生活を捉えなおし，諦めずに活動し続けることで意味や価値を見出す力を育成する。
5年	自分との対話		
	LIFE 自分の好きなこと，得意なことをたくさん見つける活動の中で，自分の可能性に気づき，よりよい考え方や生き方につなげ，有能感や有用感を高める力を育成する。	**友だちタイム 15min** **5年生がやってきた** 異学年と共に活動する経験を通して，自分の役割を理解し，リーダーシップを発揮しながら活動に取り組み続ける力を育成する。	**ほたる池復活プロジェクト** 校内環境の改善から，地域環境をよりよくすることを通して，困難を乗り越える力を育成する。
4年	個々の存在の尊重		
	好きを SWITCH **〜友だちの好きに挑戦！〜** 自分の「好き」を，友だちとスイッチすることで，新たな「好き」を発見するとともに，自分の「好き」を見つめ直し，過程に対して意味や価値を見出す力を育成する。	**喜・努・愛・楽** **〜自分も，みんなも大切に〜** 自分もみんなも一人ひとりが輝くために，コミュニケーションゲームなどを通して，お互いのよさを認め合い，自分の役割を見出す力を育成する。	**大阪ロハスフェスタ** **〜大阪の未来を考える〜** 自分たちの考える大阪の問題とその解決に向けて，「無理なくみんなが続けていく」という視点を持って，自分たちに何ができるか考えて行動し続ける力を育成する。
3年	自分と他者の関係		
	すきすきプロジェクト 2年生時の活動をより発展させ，自分の「好きなこと」を再経験し，深めたり，新たに挑戦したりして，その過程に対して，よさを見出し，肯定感を高める力を育成する。	**音楽を通して，自分たちの** **気持ちをそうぞうしよう** みんなで歌うことを通して，自分の気持ちを表現することを楽しみ，みんなが一体となるよさを見出す力を育成する。	**平野 EXPO 平野の歴史と進歩** **〜令和から平和へ〜** 平野 EXPO 開催に向けて活動する中で，課題を見通し，友だちや大人など様々な人と協働し，色々な視点から考えて創意工夫し，行動し続ける力を育成する。
2年	他者意識の芽生え		
	すきすき探偵団Ⓢ 現在の興味から，自分の好きを係活動として位置づけ自分なりに工夫し，発信・交流する過程で，自分の好きを深め，他者から自分の好きを認めてもらうことで，肯定感を高める力を育成する。	**カモシレナイ探偵団Ⓚ Ⓢ** 子どもの身近な疑問をもとに，「〜カモシレナイ」を想像し，話し合う活動を通して，相手の考えを知り，人と関わることへの楽しさを見つける力を育成する。	**にこにこ探偵団Ⓝ** 季節の自然や生き物に直接関わりながら，やってみたいを見つけて取り組む過程で，「自然」「生き物」「自分たち」の笑顔を想像し，自分なりに工夫しながら行動し続ける力を育成する。
1年	自立への基礎・自己肯定の基礎		
	だいすき　じぶん **〜「すき すき」あつめよう〜** 自分の好きなことは何か，「すきブック」に書きためていくことで，自分のすきなことを1年生なりに見つけ，また，自分なりに工夫して好きなことに挑戦することで，自分の好きを広げていく力を力を育成する。	**だいすき　なかま** **〜あこがれの　ヒーロー〜** 異学年・幼稚園の子どもとの関わりの中で自分のヒーロー像を見つけ，真似ていくサイクルを繰り返すことを通して，人と関わることへの楽しさを見つける力を育成する。	**だいすき　がっこう** **〜まほう de やってみよう〜** 一番身近な学校に目を向け，自分なりに目標や興味を持って，試したり工夫したりしながら，活動に没頭する力を育成する。

友だちタイム（4〜6年）／縦割り活動（1〜3年）

はどのような力を身につけたのか，課題解決に向けて自分にはどんな力が必要だと考えるのか，またその力をつけるためにどんなことにチャレンジしていけばよいのか，という学びの羅針盤となると考える。成果として，観点があることで教師自身の指導計画の立案や教師の手立ての見直しが図れた一方で，観点が多いあまり，子どもとの共有が難しく学習者を主体とした自己評価につながりにくい点が課題として挙げられる。教師も子どもも評価の観点や方法についても共有し，今ある資質からより「未来を『そうぞう』する子ども」に近づくためにどんなことが必要であるか，立ち止まり，その観点をもとに今をふりかえり，次の方向性を見出すために検討を重ね，まとめたものが表2である。3つの観点においては，各学年の未来そうぞう科の実践においては学習指導案において明記し，評価を行うこととする。

表2　そうぞう的実践力の評価の観点

教師側の観点	①イメージ力	②クリエイト力	③レジリエンス※2
子ども側の観点	①考えてみる	②やってみる	③最後までやりぬく

※1…昨年度，用いた評価の観点

教師側の観点	①没頭			②協力		③見通し			④整理			⑤発信		⑥※2レジリエンス
子ども側の観点	①楽しむ			②助け合う		③見通す			④つなぐ			⑤人に伝える		⑥やりぬく
視点	時間	触れる	姿勢	役割分担	交流	過去	現在	未来	比較	関連づけ	分類	相手意識	発信	価値づけ	改善

※2…レジリエンスとは「しなやかな強さ」を表し，課題に対して，どんな困難にぶつかっても改善を加えながら，過程や結果に意味や価値を見出し，最後までやりぬくことである。レジリエンスの視点としての「やりぬく」を評価するためには単元における学びの蓄積が必要である。

③学習者を主体とした評価の方法

教師と子どもは1つの授業におい

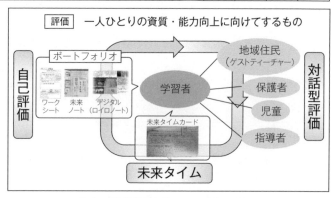

図6　学習者を主体とした評価の方法

て，表2の観点を共有した上で，課題解決に向けて活動しながらも時には立ち止まり，今をふりかえり，過去を省みて，未来に思いをはせる。この一連の営みは，図6のように授業内における学習者を主体としたポートフォリオを用いた自己評価をベースにしながら，より自己をメタ認知できるように，指導者だけでなく，子ども，保護者，ゲストティーチャーからの評価も取り入れる対話型評価を用いて評価を行う。自己評価はただ書かせればいいのではなく，どのような方法で・どのようなデータをもとに・どのようなタイミングで自己評価するのかなどを検討する必要がある。その点を踏まえ，未来そうぞう科の実践の中から，子どもたちの自己評価をベースとした具体的な評価方法について検討を重ねている。そうぞう的実践力を高める評

価方法は次の通りである。

○ポートフォリオでの蓄積

eポートフォリオのよさはワークシートには残すことができない学びの過程を子どもの視点で動画や写真，音声などに記録できることである。この記録はワークシートで書いたものよりも生きた記録になり，編集や発信に使えるものとなる。さらに，書くことを不得手としている子どもにも有効である。しかし，子どもの発達段階やICT機器のスキル面，扱う時のルールづくりなどに配慮しなければならない。ICT機器を扱う時に，ICT機器そのものへの誘惑を律して活用できるようになるためには，あらゆる場面でICT機器を使うことに慣れておくことが必要である。本校においては，第3学年が中心となって，ICT機器（主にiPad）の扱い方やICT機器を用いたプレゼンの習得をめざす学習もある。高学年になれば，様々なポートフォリオの方法（ロイロノート，iPadやiPodtouchの動画・写真・音声機能，ワークシート，未来ノート）を活動に応じて取捨選択する姿をめざしたい。

ロイロノートにデータを整理して蓄積している様子

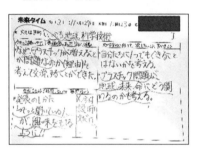

未来タイムカード記入例

子どもが「イメージ」を表出するためのツールとして，どんどんかきたくなるノート，自分の広げてきた「イメージ」をかき溜める足跡になるノート。そんな「未来ノート」をめざし，表紙も中身も無地のノートを準備し活用することとした。子どもたちは未来そうぞう科の授業のみならず，あらゆる教科でそのノートを活用する姿が見られる。しかし，発達段階や領域によってはある程度の枠があることで，子どもの「イメージ」が表出される「ワークシート」や振り返りと次への見通しが一体化した「未来タイムカード」も場合に応じて運用していく。

「イメージ」の見える化によって，子ども一人ひとりの考えに教師が価値を見出すことができる。そして，その子のよりよい成長に向けて，指導計画の見直しや教師の手立てを考える。これらを繰り返すことで授業改善が図られ，そうぞう的実践力が高められると考える。しかし，子ども自身がこのノートを見返して立ち止まる場面が少ないことから，どのようなタイミングでそれらのポートフォリオを活用するかについてはさらなる検討が必要である。

○自己評価を促す対話型評価

自分たちの取り組みをメタ認知しようと思った時に，ただ自分たちの活動を繰り返し続けるだけでは，新たな視点は得ることができない。そこで，自分たちの取り組みを別の視点から見ることができるように，子ども同士で相互評価を行う場を設ける。また，保護者の参画を取り入れる。さらに，地域住民や専門家の方をゲストティーチャーとして，積極的に活用する。学習者が指導者・子ども・保護者・ゲストティーチャーと対話することにより，対象をより多角

的・多面的に見ることにつながり，活動の課題や見通しが明らかになっていくと考える。

〇未来タイムの設定

　未来そうぞう科は対象の未来について，次はどのように進めていくか，常に先を見通す教科であると考える。そのために過去や現在の経験をもとに成果や課題を見つけていく。そこで，未来そうぞう科においては，時には立ち止まり，先を見通したり，対象を捉えなおしたりする場として，「未来タイム」を設定することとした。未来タイムは主に授業の終末や朝のモジュールで行う。対象をとことん捉えなおす場が必要な場合は未来タイムを45分間，設定することも有効であると考える。

⑶各教科における『未来そうぞう』

　未来そうぞう科は，本研究の教育課程の中で，中核を担うものである。未来そうぞう科を中核に据え，各教科も含め，**"未来を『そうぞう』する子ども"**の教育課程を編成する。第4年次のはじめには，各教科は図7のように立ち位置を明らかにして，研究を進めてきた。しかし，これらの立ち位置は題材や単元によって変化するものであること，立ち位置にある実践力の発揮をめざすのではなく，**どの教科も「そうぞう的実践力」を発揮する姿**をめざす必要があることが明らかとなった。そこで，各教科は次期学習指導要領の資質・能力を育成しつつ，学習を進めていくと同時に，6年間をかけて，「そうぞう的実践力」を発揮した姿を想定して，次の3つの手立てのいずれかについて，研究を進めていく。

①立ち位置の実践力が発揮しやすい題材や
　場の設定【理科】

　理科における「そうぞう的実践力」を発揮する姿を「未知なものに対して，これまで獲得してきた知識や技能を活用したり，新たな知識を用いたりして諦めずに挑戦する姿」として，研究を進めている。イメージ・クリエイトを具体化した学びのプロセスを「探究的な学習」として位置づけ，活用場面において，未知なものに対して，探究的に追究していく場を設定することで，そうぞう的実践力の発揮をめざす。

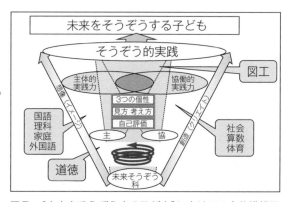

図7　"未来をそうぞうする子ども"に向けての全体構想図

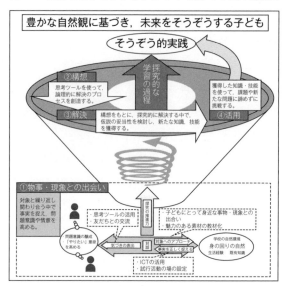

図8　理科の全体構想図

②教科横断的な学習【家庭科】

　家庭科ではめざす子ども像を「自分の生活
を見つめ，家族の一員であることを自覚し，
自分や家族・社会にとってよりよい生活や未
来を創造しようとする子ども」としている。
今後，社会がますます複雑になるにつれ，子
どもたちを取り巻く生活や文化も複雑化する
と考えられる。

　そのような状況の中で，物事を一面的な見
方・考え方で捉え，判断することは難しくな

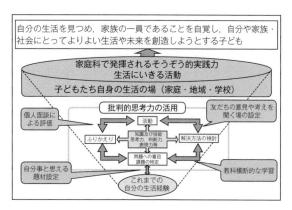

図9　家庭科の全体構想図

ると思われる。学校で扱う題材も，様々な見方・考え方で捉える必要があり，未来そうぞう科
はまさしくそのような今後の社会状況を色濃く反映した教科といえる。そこで，未来そうぞう
科と家庭科，それぞれの資質・能力を相互に育み，高めるために，未来そうぞう科と家庭科で
教科横断的な学習を行いたい。未来そうぞう科で扱う題材を家庭科の見方・考え方の視点で捉
えたり，家庭科の題材を未来そうぞう科における見方・考え方で捉えたりすることで，それぞ
れの学習で思考を深めることができると考える。

③イメージ・クリエイトを具体化した学びのプロセス【算数】

　算数科におけるめざす子ども像は，「算数
に感じ，未来をそうぞうする子ども」である。
算数の学習過程は，「個人解決→集団解決→
個人解決」と，最終的には自分の力で解決す
る。しかし，集団解決で友だちの考えを受け
止めることで，自分のよりよい解決に結びつ
けることができる。

　まず，見通しを持って自力解決に取り組み，

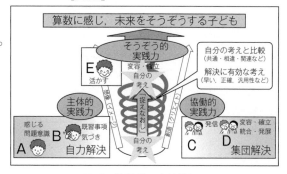

図10　算数科の全体構想図

自分なりの考えを持つ。自分の考えを友だちと交流する過程で，友だちの考えと比べて自ら
「捉えなおし」，自己の見方・考え方を再構成（変容・確立）させていく。そして，新たな見
方・考え方を生活や次の算数の学びに活かす。この，自ら「捉えなおし」する学びのプロセス
が，未来そうぞう科における「イメージ・クリエイト」を具体化した学びのプロセスとなり，
そうぞう的実践力の育成の一端を担えると考える。

4 研究の経過及び評価に関する取り組み

	項目	第1年次（平成28年）	第2年次（平成29年）
研究の経過	①研究組織	管理職と研究活動部で構成される「研究戦略会」，教職員全体で研究の方向性を検討する「研究全体会」，各教科主任が各教科について検討する「教科主任会」，未来そうぞう科について検討する「未来そうぞう担当者会」，各教科・領域ごとに検討する「教科部会」，複数の教科部会から構成される「G教」などによって構成されている。〔図：研究戦略会／研究全体会／未来そうぞう担当者会 各学年1人／学年会／教科主任会／教科部会／G教 ①未来・教科・家庭 ②国語・図工・外国語 ③道徳・算数 ④体育・社会・音楽〕	各学年1人ずつで構成された「未来そうぞう担当者会」のかわりに，新たに「未来そうぞう3部会」を組織化した。資質・能力表やカリキュラムにおける系統性や発達段階を踏まえた内容の検討などを行う。 校内における公開授業において，未来そうぞう科を中心に（6実践），研究を進める。〔図：研究戦略会／研究全体会／未来そうぞう3部会 A部会 B部会 C部会／学年会／教科主任会／教科部会／G教 ①音楽・図工・理科 ②国語・道徳・家庭 ③未来・算数 ④社会・体育・外国語〕
	②未来そうぞう科	・研究開発学校の先行研究調査 ・6カ年に及ぶカリキュラム（目標・内容等）の試案・検討・作成・実践（合計18実践） ・実践をもとに教科書を作成 ・未来モジュールにおいて，未来ノートを記述 ・学びのプロセスの具現化	・未来をそうぞうする子ども像の改訂 ・未来そうぞう科の見方・考え方の作成 ・系統的なカリキュラムづくり ・「友だちタイム」のB領域への位置づけ ・6カ年に及ぶカリキュラム（目標・内容等）の試案検討・作成・実践（合計18実践） ・実践をもとに教科書を作成
	③各教科	・本校の3つの実践力と各教科の育成すべき資質・能力との関連・検討 ・3つの実践力を9つの力に細分化（主→現状把握力，論理的思考力，持続的行動力　協→洞察力，コミュニケーション力，適応力　創→発想力，表現力，活用力）	・未来そうぞう科とのつながりを見出す ・教科の特性を活かして，それぞれの教科が3つの実践力へアプローチする
評価に関する取り組み	自由記述	・子どものワークシートや未来ノートの記述を抜粋	・子どものワークシートや未来ノートの記述を抜粋
	心理尺度による評価	・質問項目を62項目作成。来年度，実施予定	・62項目のアンケートを6月に実施 ・心理学を専門としている大阪教育大学の教員と連携し，因子分析を行い，62項目から有効な項目を12項目として，11月にアンケート実施
	学習評価	・各学年が目標を定め，パフォーマンス評価を行う ・校内研において，指導方法や教育課程について検討	・実践力を発揮している子どもの姿から評価 ・発達段階を考慮し，未来ABC部会において，それぞれの領域ごとの資質・能力表の作成・改訂
	総合的評価	・運営指導委員会や各教科の外部評価がある中で，指導方法や教育課程について評価 ・授業研究発表会を公開し，外部教員から意見収集	→（矢印）
	○成果	○PDCAサイクルでカリキュラムの検討 ○各学年が3本ずつ単元を試案し実践 ○子どもや保護者からは「未来そうぞう科」について，肯定的な意見が見られる	○資質・能力表の7回目の改訂を経て，めざす子ども像の共通理解が図られた ○7回における資質・能力表を改訂していく過程自体が子どもの具体的な姿を共有できる貴重な機会につながった ○教員が当事者意識を持ち，研究に取り組めている ○資質・能力表をもとに，単元ごとにルーブリックを作成しやすくなった ○書籍の発刊
	▲課題	▲3つの実践力を発揮している具体的な子どもの姿の共通理解が不十分→資質・能力表の作成が必要である ▲発達段階を踏まえた学習内容（対象）の検討が不十分 ▲各教科によって9つの力の言葉の定義が異なる（例：洞察力，発想力，表現力など）	▲未来そうぞう科における教科書の是非→より柔軟なカリキュラムづくりが必要である ▲創造的実践力の捉え方や見取り方に教員間で差異が見られる →3つの実践力の構造化が必要である →創造的実践力の評価方法に焦点化して研究していく必要がある

<table>
<tr><th></th><th>項目</th><th>第３年次（平成30年）</th><th>第４年次（令和元年）</th></tr>
<tr><td rowspan="3">研究の経過</td><td>①研究組織</td><td>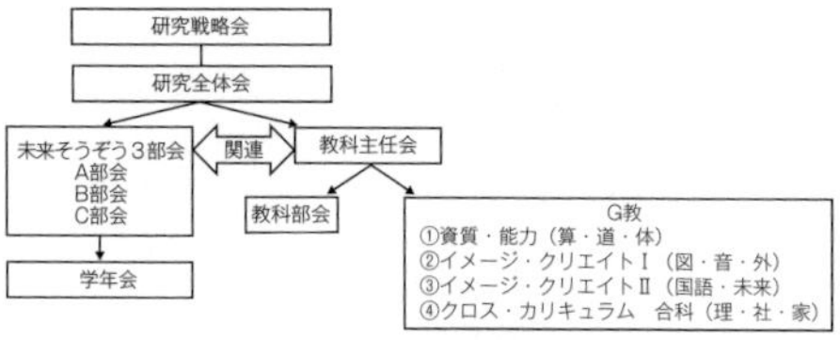
研究戦略会
研究全体会
未来そうぞう３部会
A部会
B部会
C部会
関連
教科主任会
教科部会
G教
①資質・能力（算・道・体）
②イメージ・クリエイトⅠ（図・音・外）
③イメージ・クリエイトⅡ（国語・未来）
④クロス・カリキュラム　合科（理・社・家）
学年会
各教科が本年度主に未来そうぞう科にアプローチしていく視点を「資質・能力」「イメージ・クリエイト」「教科横断的な学習」に焦点化し，「G教」を組織化した。</td><td>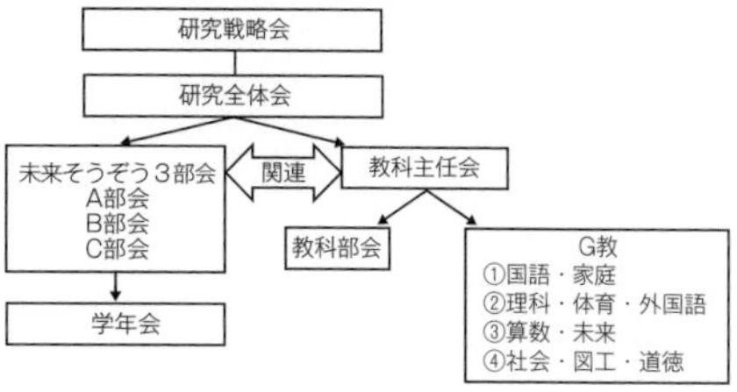
研究戦略会
研究全体会
未来そうぞう３部会
A部会
B部会
C部会
関連
教科主任会
教科部会
G教
①国語・家庭
②理科・体育・外国語
③算数・未来
④社会・図工・道徳
学年会
G教については，これまで共通点があまりない教科同士をグルーピングした。</td></tr>
<tr><td>②未来そうぞう科</td><td>・未来そうぞうする子ども像の改訂
・未来そうぞう科の目標・見方・考え方の作成
・創造的実践力の再定義　　・３つの実践力の構造化
・A領域における系統的なカリキュラムづくり
・６カ年に及ぶカリキュラム（目標・内容等）の試案・検討・作成・実践（合計18実践）
・３つの実践力を高める多様な評価方法の用いた実践</td><td>・創造的実践力→そうぞう的実践力へ
・未来そうぞう科の評価　６観点→３観点へ
・未来そうぞう科の評価の観点の運用
・過去３年間の実践を踏まえ，子どもの実践や教育環境をもとに第４年次の計画カリキュラムの作成，実施
・過去の実践における子どものモデレーション研修
・研究全体会において，子どもの変容を語る機会を設ける</td></tr>
<tr><td>③各教科</td><td>・未来そうぞう科にアプローチしていく視点として，①「資質・能力」②「イメージ・クリエイト」③「教科横断的な学習」のいずれかに焦点化して，各教科が研究を進める</td><td>・各教科がそうぞう的実践力を発揮している姿を想定
・各教科が外部に向けて，授業公開</td></tr>
<tr><td rowspan="4">評価に関する取り組み</td><td>自由記述など</td><td>・子どものワークシートや未来ノートの記述を抜粋</td><td>・附属中学校へ進学した卒業生の追跡調査
・11月の教育研究発表会にて卒業生ブースを設ける</td></tr>
<tr><td>心理尺度による評価</td><td>・平成29年11月と平成30年の７月のアンケート結果を分析
・協働的実践力と有意な得点の上昇が見られた
・創造的実践力は有意な得点の下降が見られた</td><td>・12項目のアンケートを令和元年11月に実施
・主体的実践力が有意な得点の上昇が見られた
・協働的実践力は有意な得点の下降が見られた</td></tr>
<tr><td>学習評価</td><td>・ポートフォリオを用いて，評価を行う
・発達段階を考慮し，未来ABC部会において，それぞれの領域ごとの資質・能力表の作成・改訂</td><td>・未来そうぞう科の評価の３観点の運用・実施</td></tr>
<tr><td>総合的評価</td><td>・運営指導委員会や各教科の外部評価がある中で，指導方法や教育課程について評価
・授業研究発表会を公開し，外部教員から意見収集</td><td>→</td></tr>
<tr><td colspan="2">○成果</td><td>○資質・能力表の15回目の改訂を経て，めざす子ども像の共通理解が図られた
○学習指導要領の試案の作成　　○書籍の発刊
○３つの実践力の構造化に伴い，創造的実践力の評価方法の充実（自己評価をベースとしたｅポートフォリオ，未来ノート，対話型評価）
○A領域における発達段階を考慮した系統性のあるカリキュラムの作成</td><td>○新教科「未来そうぞう科」の学習指導要領の完成
○書籍の発刊
○自己評価力を高める手立ての充実（未来タイム）
○既存の教科が「そうぞう的実践力」を発揮している姿を想定し，実践を積み重ねる
○実施による効果の検証方法の多様化
（教育研究会によるブースを設け，卒業生や保護者の生の声を発信する場の設定）</td></tr>
<tr><td colspan="2">▲課題</td><td>▲柔軟性と汎用性を兼ね備えたカリキュラムの作成
▲他学校園とのさらなる連携
▲自己評価を促す手立ての確立
▲教科における未来そうぞう科の評価の運用</td><td>▲「そうぞう的実践力」への焦点化
▲「そうぞう的実践力」と新学習指導要領における資質・能力
▲学校全体のカリキュラム・マネジメント
▲学びのプロセスの明確化
▲自己評価力を高める評価</td></tr>
</table>

5 研究開発の成果

(1)外部からの評価

令和元年度教育研究発表会（中間発表）において，参会された方々の声から本校の研究の効果について検証する。

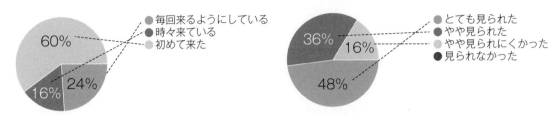

●本校研究会への参加頻度

- 毎回来るようにしている
- 時々来ている
- 初めて来た

60%
16%
24%

●授業の中で未来をそうぞうする子どもの姿（主体的，協働的，そうぞう的な姿）が見られたか

- とても見られた
- やや見られた
- やや見られにくかった
- 見られなかった

36%
16%
48%

　上記の通り，アンケートの結果では，未来をそうぞうする子どもの姿が「とても見られた」「やや見られた」の割合が，合わせて84％であった。本校の研究発表会へ初めて参加される方の割合が６割の中で，主体的実践力・協働的実践力・そうぞう的実践力が概ね見られたという肯定的な意見が多いことから，評価に関する指標が昨年度に比べるとわかりやすく示すことができていると考えられる。

　また，以下にアンケート（記述部分）から一部抜粋したもの挙げ，さらに検証する。

表３　令和元年度　教育研究発表会（中間発表）　参会者アンケート一部抜粋

●未来そうぞうの学習について
・学び方を学ぶことで，他教科への学び方の広がりをめざすと研究の価値が上がる。
・どんな子どもを育てたいかというねらいが明確であり，自身の教育にも取り入れたい考え方であると思った。
・未来そうぞうが，教科の学びを活用できる場になっている。
▼総合との違いがわからなかった。

　未来そうぞう科においては，めざす子ども像が明確で，すでにある知識を伝達されたり，用意された問題をといたりするのではなく，自ら問いを持つことを大切にした学びが，他教科を含む未来そうぞう科以外の場でも生かされていると考えられる。一方，新教科としての必要性を十分に説明できていないことに課題が残る。

●未来そうぞうと各教科との関係について
・各教科の学びを貫くものとするべきだと思う。
・教育において，未来そうぞうは中心・核になる部分だと思うので，未来そうぞうを中心に各教科について学べるところがよい。
・教科の中で生まれた発展的な課題が，未来そうぞうにつながったり，逆に未来そうぞうで培われた資質・能力が教科につながったりするのではないか。
・机の上での学習だけでなく，自分で見て思ったことや考えたことを共有し，他者の意見も聞いて学習するということができているのかなと思った。
▼全ての教科に通ずる考え方かと言われれば微妙なところがあるものの，これから改善の余地は十分にあると思われる。
▼授業の中での想像と創造をどのように捉えているのか，見えるとよい。
▼未来そうぞうの色合いが強すぎるのでは。未来そうぞうをしっかりと確立するために，各教科がしっかりとしていないといけないのではないかと思う。
▼（算数を参観したが）生活科と思った。

未来そうぞうと各教科との関係では，３つの資質・能力の育成を，未来そうぞう科を含む各教科の核とし，研究を進めてきたことに一定の効果が見られた。また，それぞれの教科・領域の特性を生かし培った資質・能力を，教科・領域内でとどめることなく，それぞれの場で高め合っていくことは，これからの未来を生きていく子どもたち（私たち）にとって必要不可欠な学びであると言える。しかし，これを言うためには，未来そうぞう科を教科として確立するに留まらず，各教科・領域の学びの特性を理解した上で，より高次の学びに向かっていく必要がある。

> ●その他（全体を通して）
> ・卒業生が自分の成長を自ら語る姿が印象的だった。
> ・卒業生の話を聞くことができ，未来そうぞう科が，どのように力となっているのかわかりました。
> ・卒業生が未来そうぞう科の学びが楽しく，今の自分に生かされていると嬉しそうに話しているのが印象的だった。
> ・教科同士や教科と未来そうぞう科のコラボレーションがよいと感じられました。

　また，未来をそうぞうする子どもを育成するための学びの評価を，小学校だけに留まらず，卒業生から聞く場を設けた。結果，卒業生が過去をふりかえり，当時の学びをどう捉えているのか，また，今の自分にどのように生かされているのかを知ることができたことに，高評価が得られた。未来そうぞうでの学びが，実際の未来にどう生きているのかを，今後も追って，未来そうぞうの必要性を明らかにしていきたい。

⑵子どもへの効果について

　子どもへの効果については，①心理尺度による効果測定，②令和元年度，教育研究発表会においての卒業生ブースの様子から検証を行う。

①心理尺度による効果測定

　本研究における子どもへの効果については，「主体的実践力」「協働的実践力」「そうぞう的実践力」を見取ることができるアンケートを作成した。本アンケートについては，まず，本校教職員によって「主体的実践力」「協働的実践力」「そうぞう的実践力」を把握することができるであろう質問項目（「やってみたいことを自然と口に出したり，実際にしてみたりする」「いつも相手の考えと違うところ，同じところを考えている」「新しい方法や何かを工夫することを考えることが好きだ」など計62項目）を考え，その質問項目に対して，「５：とてもそう思う」「４：そう思う」「３：どちらでもない」「２：あまりそう思わない」「１：そう思わない」の５段階で本校全児童に回答を求めた。この回答について，因子分析を行ったあと，項目数を削減し，「主体的実践力」４項目，「協働的実践力」４項目，「そうぞう的実践力」４項目，計12項目のアンケートを作成した。

表4 「主体的実践力」「協働的実践力」「そうぞう的実践力」についてのアンケート

主体的実践力	①	授業中に自分の考えをたくさん発表している。
	②	考えたことを，クラスのだれかに聞いてもらいたい。
	③	友だちの考えに，たくさんの友だちが賛成してもそれとは違う自分の考えがあれば，言ってみようと思う。
	④	やってみたいことを自然に口に出したり，実際にしてみたりする。
協働的実践力	⑤	協力して取り組んだ方が，たくさんのアイデアが出ると思う。
	⑥	自分1人では解決できないことでも友だちと一緒に解決できることもあると思う。
	⑦	友だちと考えると，自分1人よりもよい考えにたどりつける。
	⑧	友だちのつくったものや言ったことに「いいな」と思うことがある。
そうぞう的実践力	⑨	どんな問題でも最後まで諦めずにやりぬくことができる。
	⑩	答えを出すだけでなく，そのことについてもっと考えたい。
	⑪	自分の想像（イメージ）したことを形にしようといつも考えている。
	⑫	自分でできることがわかっている。

　このアンケートを平成29年6月，平成29年11月，平成30年7月，令和元年11月の計4回に実施をし，その変容を見取ることで本研究の成果について分析することにした。各アンケートは全学年児童を対象として行ったが，分析には4回のアンケートに全て回答をしている現3年生から6年生までとした。

　分析の際，「5：とてもそう思う」「4：そう思う」「3：どちらでもない」「2：あまりそう思わない」「1：そう思わない」を得点化し，「主体的実践力」「協働的実践力」「そうぞう的実践力」ごとに合計点を算出し，下位尺度得点とした。平成29年6月，平成29年11月，平成30年7月，令和元年11月の4回の下位尺度得点について，対応のある1要因の分散分析を行った。その結果，「主体的実践力」については，主効果が認められ（F〔3,1140＝54.954，p＜.001〕，多重比較（$Bonferroni$法）の結果，令和元年11月の得点は，平成29年6月，平成29年11月，平成30年7月のそれぞれの得点よりも有意に高かった。「協働的実践力」については，主効果が認められ（F〔3,1140＝54.954，p＜.001〕，多重比較（$Bonferroni$法）の結果，平成30年7月，令和元年11月の得点は，平成29年6月，平成29年11月，のそれぞれの得点よりも有意に低かった。「そうぞう的実践力」については，主効果が認められ（F〔3,1140＝8.351，p＜.001〕，多重比較（$Bonferroni$法）の結果，平成30年7月，令和元年11月の得点は，平成29年6月，平成29年11月，のそれぞれの得点よりも有意に低かった。「主体的実践力」「協働的実践力」「そうぞう的実践力」の下位尺度得点の変化を表5に示す。

表5 「主体的実践力」「協働的実践力」「そうぞう的実践力」の下位尺度得点の変化

		平成29年6月 ①	平成29年11月 ②	平成30年7月 ③	令和元年11月 ④	F値 (3,1140)	多重比較
主体的実践力	平均	15.881	15.759	16.003	17.987	54.954***	①，②，③＜④
	SD	.180	.185	.170	.141		
協働的実践力	平均	18.331	18.352	17.916	14.732	161.397***	③，④＜①，②
	SD	.117	.118	.127	.213		
そうぞう的実践力	平均	16.992	16.856	16.412	16.171	8.351***	③，④＜①，②
	SD	3.134	3.073	3.113	3.184		

***p＜.001

本研究開発の実践の期間において，「主体的実践力」の下位尺度得点は，有意に高まった。これについては，子どもが，「ひとりで考え，ひとと考え，最後までやりぬく子」という本校教育目標のもと，「主体的」に考え，活動することの重要性をわかった上で，「未来そうぞう科」の学習に臨んだことにより，取り組み前よりも「主体的」に取り組む活動の場が増え，「主体的実践力」の向上を実感できたからだと推察される。

　一方，「協働的実践力」「そうぞう的実践力」の下位尺度得点は，いずれも有意に低くなっていた。本研究開発における新教科「未来そうぞう科」の学習展開では，新教科設定前に比べて，異学年交流や様々な方々との交流，グループワークなどを行う機会が非常に多くなった。本研究の目標は，それらの様々な交流の機会を踏まえ，「協働的実践力」を高めることであるが，まずはそれらの場が多くなったことで，「協働的実践力」の必要性を感じる場も多くなり，「うまくいかなかったこと」「もう少しがんばったらよかったこと」ということを考える場も増え，子どもの「協働的実践力」に対する見方がより洗練されたと言えるのではないだろうか。そのことにより，アンケートにおける下位尺度得点は，逆に低下したのではないかと推察される。「そうぞう的実践力」についても，同様に，これまで考えることのなかった様々な視点から広く社会や環境にアプローチする活動を行ったことで，「そうぞう的実践力」に対する子ども自身の見方が厳しくなり，下位尺度得点が低下したと推察されることができる。

　本研究は，4年という短期間の研究結果をまとめたものであるが，この4年間の中でカリキュラム修正を繰り返しながら，本年度，最終年度に本校がめざすカリキュラムをようやく完成させることができたものである。これを踏まえると，最終的にまとめたカリキュラムを今後も継続させることで，本年度は低下が見られた「協働的実践力」，「そうぞう的実践力」も今後は高まっていくのではないだろうか。

　②令和元年度，教育研究発表会においての卒業ブースの様子

　「未来そうぞう科」を学習した子どもの変容を把握するため，教育研究発表会において，卒業生ブースを設置した。卒業生については，元担任で話し合った結果，印象の強いエピソードのある子どもに順番に依頼を行い，人数になると打ち切る形で声をかけ，9名の卒業生が参加した。卒業生ブースには，過去の実践の写真と，卒業生の自由ノート（本校で取り組んでいる毎日書く日記）

卒業生ブース

が用意され，参会者が質問する形で発表が行われた。以下は参会者と卒業生とのやり取りの抜粋である。

参会者：未来そうぞうの授業は好きでしたか？
卒業生A：活動の中で解決する時の発想力がついていると感じています。好きなことをとことんできるから，とても好きでした。一番楽しかったのは，池のヘドロをみんなで取り除いて，最終的に水が流れたことが思

い出に残っています。

参会者：教科書を使った勉強，教科書に載っていない勉強がいいと聞いたけど，実際は？

卒業生Ｂ：未来そうぞうだったら，自分たちのやりたいことをやらせてくれるから，単元が決まっていることをするのではなく，自分たちで決めていくことができるから楽しかったから教科書がない方がいいと思いました。

参会者：未来そうぞうの授業が嫌いな子ども（友だち）はいなかったですか？

卒業生Ｃ：いないです。みんながしたいことを決めてするから，みんなそれぞれ好きな活動ができていたから。

参会者：協力することに関して未来そうぞうの力は活きていますか？

卒業生Ｄ：中学ではJOINを通して「次はどうしようかな」と考える見通す力とか，友だちと話し合って解決していく力とかは，未来そうぞうからつながっている力だなと思います。

参会者：中学で行なっているJOINにつながっていますか？

卒業生Ｅ：未来そうぞうを難しくしているような活動です。僕は，花粉症を生活リズムとか食生活でやわらげることについて，研究しています。グループでしても個人でしてもいい。自分でテーマを決めることからしています。

参会者と卒業生とのやり取り

　子どもたちにとって新教科「未来そうぞう科」は価値のある教科であることや現在，中学校で行われている総合的な学習の時間（JOIN）での課題設定や，解決過程における様々な力に活きているということ，などが明らかとなった。

(3)保護者への効果について

①時期　2019月11月

②対象　３年生の未来そうぞう科に参画した保護者38名

　　　　６年生の未来そうぞう科に参画した保護者51名

③方法　「１．未来そうぞう科についてどう思いますか」「２．未来そうぞう科の学習はお子様の成長につながっていると感じられますか」の２つの質問をアンケート用紙で行い，１「『とてもよい』『よい』『あまりよくない』『よくない』，２「『とても感じる』『感じる』『あまり感じない』『感じない』」で回答を求めるとともに，それぞれ回答に対する理由を求めた。６年間のゴールとなる６年生と，中間地点を迎える３年生に調査した。

④結果

　質問１の「未来そうぞう科についてどう思いますか」という問いに対しては，「とてもよい」との回答は，３年生では30人，６年生では28人であった。また，「よい」との回答は，３年生では８人，６年生では22人であった。「あまりよくない」との回答は，３年生では０人，６年生では１人であった。「よくない」という回答については，どちらも０人であった。この結果より，３年生も６年生もほぼ全ての方が未来そうぞう科の取り組みに対して，よいと感じてい

ることがわかった。

　また，質問2の「未来そうぞう科の学習はお子様の成長につながっていると感じられますか」という問いに対しては，「とても感じる」との回答は，3年生では27人，6年生では26人であった。「感じる」との回答は，3年生では11人，6年生では24人であった。「あまり感じない」との回答については，3年生では0人，6年生では1人であった。「感じない」との回答はどちらも0人であった。この結果より，どちらの学年においても，ほぼ全ての方が未来そうぞう科の学習が子どもの成長につながっていると感じていることがわかる。

2．未来そうぞう科の学習はお子様の成長につながっていると感じられますか

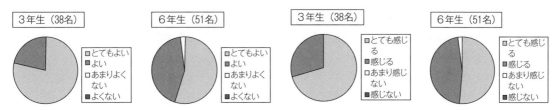

　1つ目の回答の理由の中でこれまで印象的であった活動については，「1年生C領域ひめちゃん」「2年生A領域すきすき」「3年生C領域平野EXPO」「4年生C領域外来生物」「5年生A領域LIFE」「6年生C領域無人島体験・校庭キャンプ」など，未来そうぞう科のA領域やC領域がたくさん挙げられていた。また，未来そうぞう科をよいと感じている理由としては，3年生では，「自分で考えて行動する」「自分で決める」「友だちと相談・協力する」「調べて発表する」「好奇心を広げる機会が持てる」ということが挙げられた。また，子どもたちの姿としては「一生懸命」「いきいきしている」「楽しそう」という姿が見られてよいということが書かれていた。それに対して6年生では，「考えたことを実際に行動に移すことができる」「自分たちで考えた大きな活動を成し遂げることができる」「実際に体験し工夫する大切さが感じられる」「話し合いを繰り返すことで更に協力できる」ということが挙げられていた。子どもの姿としては「あきらめない姿」「想像し創造する姿」「うまくいかなくてもなんとか進み出す姿」が見られると書かれていた。2つ目の回答の理由としては，3年生については「プレゼン力がついたから」「命の大切さを学べた」「調べる力がついた」「違う考えの子同士で1つのゴールに向かって進めていける」「周りの人を大切にできる心が育った」との回答，6年生については，「見通しを持てるようになった」「チーム力が高まった」「調べ話し合い発表する力が高まった」「感謝する気持ちが育った」「1人では難しいことでも，大人数で意見を出し合い協力しながら目標に向かって進めることで，喜びや達成感を味わえる」という回答が得られた。

　これらのことから検討すると，まず印象に残っている単元について，未来そうぞう科のA領域C領域が主になっていることについては，保護者の参画が多かったことが1つの理由として挙げられる。では，ここに挙がってきていないB領域については，効果が見られないのかというと，そうではなく，各単元における学びの部分において，B領域の要となる「協力」

が挙げられていた。よって，Ｂ領域で学び培った「協力」については，Ｂ領域の中でというよりも，他の単元の中で発揮されているということが言えるだろう。

　次に，未来そうぞう科の中で育まれていると考えられる力について検証すると，３年生の段階では，自分で考え，自分で決定するという「主体的実践力」，友だちと協力するという「協働的実践力」に成果が見られると感じている保護者が多い。特に一生懸命，楽しんで取り組む「没頭」や友だちと助け合う「協力」の視点についての成果が見られる。それが，６年生になると，想像したことを実際に創造していく「そうぞう的実践力」についての成果が見られている。特に，あきらめずに目的に向かって進めたり，うまくいかなくても何度もチャレンジしたりする「レジリエンス」の視点が見られると感じている保護者が多い。これは，本校の未来そうぞう科のカリキュラムにおいて想定している６年間の発達段階と合致している。よって，これまでに築いてきたカリキュラムが，それぞれの段階の力を育む上で効果的であったと言えるであろう。

　しかし，上記の未来そうぞう科の成長があまり見られないと答えた保護者の回答の理由として，「未来そうぞう科の成長は，今すぐではなく，これからもっと先に見えてくるものではないのか」という意見もいただいている。このことを踏まえて，現段階のみの保護者の声だけではなく，今後も継続して子どもの成長について調査を続けていく必要があると考えられる。

(4)教師への効果について

　教師への効果については，自由記述アンケートによる検証と研究開発にともなう本校教職員による研修会の様子からの検証を行う。

　１）アンケート調査について

　①時期　2019年10月

　②対象　附属平野小学校教員22名

　③方法　「『未来そうぞう科』を学習する子ども達の様子」，「『未来そうぞう科』の各領域の学習を通して子どもがどのように変容したか」を自由記述で回答を求めた。

　④結果

　教員の自由記述の回答より，「『未来そうぞう』で活動をとことん追究できるのが子どもは大好きな様子である」「子どもたちは，自分たちの思いや疑問，考えなどを深められる知的な楽しさや喜びを感じている」「子ども自身が自分の活動をふりかえり，次への学びにつなげていくことができるようになった」「自分だけの視点から，相手意識を持った関わりができるなど，協働的実践力の高まりが顕著である」「参画で，保護者の協力を得ることなど，教師と保護者の協働的実践も可能である」などの回答が得られた。

　上記２つの検証から，効果が見られた点として３点挙げられる。

　まず１点目は，本研究では，「未来を『そうぞう』する子ども」を育むために，教科や領域が異なっていても，子どもに「主体的実践力」「協働的実践力」「そうぞう的実践力」を育成す

るという視点が主軸にあるため，子どもの見取りが共有しやすくなった。また，どの学習場面においても，教員全体で３つの実践力の育成を意識してめざす子ども像を共有し，カリキュラム・マネジメントすることや手立てを打つことなど，学校全体での一貫した教育活動が可能となった。

　２点目は，アンケート調査にあるように，「子どもたちは，自分たちの思いや疑問，考えなどを深められる知的な楽しさや喜びを感じている」「子ども自身が自分の活動をふりかえり，次への学びにつなげていくことができるようになった」など，子どもの変容が見られることにより，教師が充実感を得られている。研究開発を通して，全教師が「未来そうぞう科」の各領域別グループに所属し，当事者意識を持って教育活動にあたっており，それに伴って子どもに有意な変容が見られ，あるいは子どもの変容を見取ることができたことで教育活動の充実感が得られ，積極的に研究活動に関わることができた。

　３点目は，教師間での「未来そうぞう科」に関わる話題が増え，新たなカリキュラムやアイデアの提案が積極的に行われている。研究開発当初からカリキュラム開発のために新たな提案がなされてきており，最終年度であっても昨年までのカリキュラムをなぞるのではなく，子どもにとってよりよい学習が行われるよう教員間で話し合いが行われ，試行錯誤がなされている。

　以上，大きく効果が見られた３点を挙げた。学校全体でめざす子ども像を共有し，教員が協働して教育活動にあたることができた。

６ 研究実施上の問題点と今後の課題

(1)「未来を『そうぞう』する子ども」に必要となる「そうぞう的実践力」への焦点化

　「未来を『そうぞう』する子ども」に必要となる３つの資質・能力について，子どもたちが主体的実践力と協働的実践力を両輪として発揮することによって，長期的に「そうぞう的実践力」を育成できる。また，「そうぞう的実践力」の中に，主体的実践力や協働的実践力が内包されることが明らかとなった今，「未来を『そうぞう』する子ども」の育成に向けて，そうぞう的実践力の育成に焦点を当てて研究を進めていく必要がある。

(2)「そうぞう的実践力」と次期学習指導要領の資質・能力との関係性について

　令和２年度より小学校において完全実施される次期学習指導要領に示されている「知識及び技能」「思考力，判断力，表現力等」「学びに向かう力，人間性等」と本校が育成をめざす「そうぞう的実践力」についての関係性を明らかにして，研究を進める必要がある。

(3)新教科「未来そうぞう科」を核としたカリキュラム・マネジメントの必要性

　新教科「未来そうぞう科」について，４年間のカリキュラム開発において，54実践例を提案し，新教科「未来そうぞう科」の学習指導要領に要素と実践例を示すことができた。一方，既存の教科においても「そうぞう的実践力」を発揮する姿を想定し，研究を進めている。新教科「未来そうぞう科」の「そうぞう的実践力」と既存の教科の「そうぞう的実践力」を発揮する姿の重なる部分を共有し，教科横断的な視点で，新教科「未来そうぞう科」を核としたカリキ

ュラム・マネジメントを学年単位や学校全体で取り組む必要がある。

⑷学びのプロセスの明確化

「イメージ・クリエイト」は互いに往還しながらもより広がり，深まりのある「イメージ」がより具体的な「クリエイト」につながり，その「クリエイト」がさらに広がり，深まりのある「イメージ」へとつながっていく。新教科「未来そうぞう科」においては，A領域【自分自身】，B領域【集団や人間関係】，C領域【社会や自然】のそれぞれの領域ごとに研究を進める中，領域ごとにイメージ・クリエイトをより具体化した「学びのプロセス」があるのではないか，という考えに至った。今後，それぞれの領域ごとや既存の教科においても，「イメージ・クリエイト」を具体化した「学びのプロセス」について，研究を進めていくことでより「未来を『そうぞう』する子ども」の育成につながっていくと考える。

⑸自己評価力を高める新教科「未来そうぞう科」における評価

新教科「未来そうぞう科」においては，ポートフォリオを用いた自己評価をベースにしながら，より自己をメタ認知できるように，指導者だけでなく，子ども，保護者，ゲストティーチャーからの評価も取り入れる対話型評価を用いて評価を行う。文部科学省「児童生徒の学習評価の在り方について」の中に示されているように，学習に関する自己評価に関わるスキルの中の自己の感情や行動を統制する能力や自らの思考の課程等を客観的に捉える力などを高める評価についてさらなる研究が必要である。

【引用文献】⑴岩﨑千佳（2019）「創造的実践力の評価の視点と方法の開発―「未来そうぞう科」の実践を通したモデルの作成―大阪教育大学大学院連合教職実践研究科―実践課題研究報告書」

カリキュラム開発に関わる実践研究の持続的発展を

木原俊行（大阪教育大学教授）

　大阪教育大学附属平野小学校（以下，附属平野小学校）が文部科学省指定の研究開発学校として新教科「未来そうぞう」科を中核とする教育課程を開発する実践研究に着手してから，4年が過ぎた。研究開発の期間中に，附属平野小学校の教師たちは，「創造的実践力」などの資質・能力の明確化・構造化，それらを育むために必要とされる教育内容の組織化，それらに子どもが没頭するための教授－学習システムの構築に取り組んできた。同時に，その知見を，研究発表会を通じて，また本書のような書籍の刊行を通じて，発信してきた。筆者は，研究開発学校に設置される運営指導委員会のメンバーとして，附属平野小学校の教師たちのカリキュラム開発に関わる熱意を比較的近くで感じてきた。筆者はこれまでに他の研究開発学校の取り組みにも参画した経験があるが，それに比しても，附属平野小学校の教師たちのカリキュラム開発に関わる実践研究はすぐれたものであったと言える。

　ところで，我が国の学校には，授業研究を尊ぶ文化が形成されている。それは，今日，Leeson Studyと呼ばれ，世界中で，教師の力量形成や学校の組織的教育力の向上の術として市民権を得ている。一方，筆者の経験則ではあるが，世界に誇る授業研究文化を有する日本においても，授業研究を，カリキュラム開発に接続している学校はそう多くはない。すなわち，その方法論に教育課程の編成や改編を組み入れて授業研究を企画・運営している学校は多くはない。さらに，両者の連動を持続的に展開している学校となると，ごく限られたケースしか確認されない。

　研究開発学校というステイタスに基づく実践研究は，当然，期間限定である。しかし，それが終了してからも，授業研究とカリキュラム開発を交差させる精神が維持され，教師たちが教科・領域や学年等を越えて授業づくりに関わるコミュニケーションを繰り広げられてこそ，また，それをもとに，単元・学期・学年等の様々なレベルで教育計画を常に見直しできてこそ，筆者は，研究開発学校としての4年間の実践研究が真正のものであったと考える。さらに，令和2年度の新型コロナウィルス禍にあっても，いや，そうした状況ゆえに，カリキュラム開発を基調とする実践研究は，その必要性が増しているはずだ（一般に，教師たちは子どもたちが何をどのように学ぶかについての再検討を余儀なくされたので）。本年度も，そして次年度以降も，附属平野小学校の教師たちが，これまでの実践研究を持続的に発展させ，その成果を世に示すことを期待している。

「GIGA スクール」で真価が問われる平野小学校の ICT 活用研究

豊田充崇（和歌山大学教授）

　大阪教育大学附属平野小学校は，平成28年度に「文部科学省研究開発学校」と「パナソニック教育財団・特別研究指定校」を同時進行するという異例のスタートをきった。その際のタイトルが「子どもが主役になる次世代の学び～BYOD 社会に対応するスマートディバイスの効果的な教育的利用～」である。しかしながら，その当時，平野小学校は先進的な情報設備環境や先進事例を有していたわけではなかった。研究をきっかけに1つ1つ必要な機器を揃え，同時に教員への研修や活用体制も試行錯誤する

ことで，潤沢な費用がなくとも，先生方の創意工夫によって「次世代の教育ができる」ことを証明できたといえる。ただ，モバイル端末（iPodtouch）を子どもに貸与して仮想の BYOD 環境を実現した授業やクラウド系のアプリを導入して自宅の PC・タブレットなどを用いた活用等については，「他校では到底実現不可能」といわれ，公立学校のモデルにならないともいわれていた。

　ところが状況が一変し，今や GIGA スクール構想の実現によって，「一般公立学校が最も今知りたい活用モデルを保有する学校」となったといえる。改めて，モバイル端末の活用について，どういったことから授業に導入を図っていったのか，その際の配慮事項やどういったトラブルが生じる可能性があり，それにどのように対応してきたのかなど，公立学校が欲する情報を再度発信する必要性があるのではないかと思う。

　なお，平野小学校は，ICT 活用の研究を並行しつつも，流行を追ったり ICT 活用を目的化することはなかった。それは，もちろん新教科「未来そうぞう」科及び各教育・領域における「未来そうぞう」の実現が念頭にあり，ここでの「主体的・協働的・そうぞう的実践力の育成」のための手段として，ICT を活用するという必然性を理解されていたことが大きい。「未来そうぞう」科の実現のために，必要とする場面・適した場面で ICT を活用するという一貫したスタイルが功を奏したといえる。公立校へのタブレット端末活用モデルを示す際には，ここは最も忘れてはいけない視点であろう。

2030年ターゲットの SDGs の本質を捉えたカリキュラム開発「未来そうぞう」

佐藤　真（関西学院大学教授）

　新学習指導要領がターゲットとする2030年までのカリキュラムの中核が SDGs（Sustainable Development Goals）の探究であることは論を俟たない。SDGs は，2015年の国連総会で採択された「我々の世界を変革する：持続可能な開発のための2030アジェンダ」で提唱された「誰一人取り残さない（no one left behind）」持続可能で多様性と包括性のある社会の実現のための「持続可能な開発目標」である。SDGs には17目標と169ターゲットとがあるが，17の個別目標の達成に留まってはいけない。それらの関係性や複雑性，包括的で統合的な解決のための協働に向かうことが重要である。それは，SDGs の本質はアジェンダのタイトルにもあるとおり，「我々の世界を変えること（transforming our world）」だからである。世界を変える「実践力」こそが，重要なのである。

　世界や人類の問題や課題は，多様な要素が関係し合ったり，分野を超えて互いに影響し合ったりしており，これまで通りの思考や判断では困難で複雑な問題が多い。それは，未知なる状況が次々に生じ，既存の枠組みやパラダイムでは捉えづらい，VUCA と呼称される Volatility（変動性），Uncertainty（不確実性），Complexity（複雑性），Ambiguity（曖昧性）の高い状況である。

　すなわち，大阪教育大学附属平野小「未来をそうぞうする子ども」の研究は，新学習指導要領ともつながっており，分野を越境したり関連付けたり，領域を拡張したり統合したりしながら，常に関係や関連を意識しながら探究し続け解決する，確かな「実践力」を持った Agency（エージェンシー）と呼称される「社会に変革を起こす力を持った主体」を育むものである。

2章
「未来そうぞう科」編

1 未来そうぞう科　学習指導要領（案）抄

1 未来を『そうぞう』する子ども

(1)創設の経緯

　今の子どもたちやこれから誕生する子どもたちが，成人して社会で活躍する頃には，我が国は厳しい挑戦の時代を迎えていると予想される。生産年齢人口の減少，グローバル化の進展や絶え間ない技術革新等により，社会構造や雇用環境は大きく，また急速に変化しており，予測が困難な時代となっている。また，急激な少子高齢化が進む中で，成熟社会を迎えた我が国においては，一人一人が持続可能な社会の担い手として，その多様性を原動力とし，質的な豊かさを伴った個人と社会の成長につながる新たな価値を生み出していくことが期待される。

　さらに，大きな変化の1つに，人工知能（ＡＩ）の飛躍的な進化も挙げられる。しかし，人工知能がどれだけ進化し思考できるようになったとしても，その思考の目的を与えたり，目的のよさ・正しさ・美しさを判断したりできるのは人間の最も大きな強みであることは再認識されている。

　そのような見通しを持ちにくい時代を生きる子どもたちが未来に対して，希望を持って強く生き抜くことができるのか。考えた結果，どんな状況においても，希望を持って自ら行動し，みんなでよりよい未来をつくろうと，あきらめずそうぞう（想像・創造）し続けられれば，よりよい未来をつくっていくことができるのではないだろうかという考えに至った。自分が置かれている状況にかかわらず，その中で希望を持ち，よりよい未来を求めて自ら行動を起こすことができる，人と共に協働してよりよい未来をつくることができる，そのような過程に意味や価値を見出し続けることができる。そんな力があれば，先の見えない未来においても，従来，評価されてきた資質・能力に加えて新たな資質・能力を発揮して，自分自身で道を切り開き，前を向いて生きていくことができるであろう。そこで，そのような「未来を『そうぞう』することのできる子ども」の育成をめざし，未来そうぞう科を創設した。

(2)未来を『そうぞう』する子ども

　未来を『そうぞう』する子どもを以下のように定義づける。

　どのような状況においても，共によりよい未来をそうぞう（想像・創造）しようと，「主体的実践力」「協働的実践力」「そうぞう的実践力」を発揮し，【自分自身】【集団や人間関係】【社会や自然】などに対して，多角的・多面的にアプローチし続けることができる子ども

2 「未来そうぞう」と「未来そうぞう科」

(1) “未来を『そうぞう』する子ども”に向けての構想

「未来を『そうぞう』する子ども」の育成に向けて，学校教育全体で3つの資質・能力を育むために，新しく新教科「未来そうぞう科」及び「各教科における『未来そうぞう』」を設定した。「そうぞう」という文言は，よりよい未来を「想像」する，よりよい未来を「創造」するという両方の意味を兼ね備えている。とりわけ，3つの資質・能力を育むことに特化した新教科「未来そうぞう科」では，自分自身，集団や人間関係，社会や自然を学びの対象として，

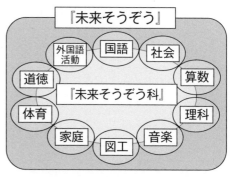

各教科と「未来そうぞう科」の構想図

子ども自身が問いを持ち，協働的に活動しながら，様々な方法で課題解決を行う。

未来そうぞう科を核に据え，各教科も含め，“未来を『そうぞう』する子ども”の育成をめざすこととする。

(2) 3つの資質・能力

「未来を『そうぞう』する子ども」に必要な資質・能力を次の3つに設定した。

【未来を『そうぞう』する子どもに必要となる3つの資質・能力】

主体的実践力………対象に対して主体的，自律的にアプローチすることができる力
協働的実践力………多様な集団の中においても，積極的に関わり協働的にアプローチすることができる力
そうぞう的実践力…よりよい未来をつくるために，アプローチし続ける中で，新たに意味や価値を見出すことができる力

子どもたちは対象にアプローチする時に，主体的，自律的に考えたり行動したりする。他者と協力することでその考えや行動はより広がり，深まる。考えや行動に新たに意味や価値を見出すことは対象の未来をよりよいものへとつくり変え続けることである。この一連の営みの中で子どもたちが主体的実践力と協働的実践力を両輪として発揮することによって，長期的にそうぞう的実践力を

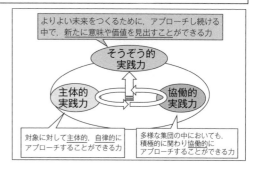

3つの資質・能力の関係性

育成できる。これらの資質・能力は予測の困難な時代において，新しい未来を切り拓き，生き抜くために必要になると考える。

3 未来そうぞう科

(1)目標，見方・考え方

本節では，未来そうぞう科の特質やめざすところを教科目標として示す。

「未来そうぞう科」の対象として，3つの領域を設定した。

【未来そうぞう科目標】

> 【自分自身】【集団や人間関係】【社会や自然】に対して実践的・体験的な活動を通して，未来そうぞう科の見方・考え方を働かせて，どんな状況においても希望を持ち，共によりよい未来をそうぞうしようとするための「主体的実践力」「協働的実践力」「そうぞう的実践力」を育成することをめざす。

○「自分自身」「集団や人間関係」「社会や自然」に対して実践的・体験的な活動を通して

A領域【自分自身】は自分の「好きなこと」を追求していく中で，自分自身を深めていく。さらに教師や保護者，友だちなどと関わることで，新たな自分に気づき，自分自身を広げていく。

B領域【集団や人間関係】はクラス，学年，異学年，特別支援学校や幼稚園の集団を学びの対象とする。学びの対象である集団が変化する中で，子どもがそれぞれの立場や関わり方を変化させていく。

C領域【社会や自然】は身近な自然や生命，地域や環境における現代社会の諸問題などを学びの対象にしている。その中で関わる社会・自然を広げていく。その対象に対して，子ども自ら問いを持ち，解決していく。

ABCの領域はそれぞれに独立して働くものではなく，互いに働きかけたり，働きかけられたりする。さらには，既有の教科も含めて，一体的に補い合って高まっていく活動であると考える。そして全ての対象を網羅するものではなく，子どもの実態・学校環境等によって変わるものである。子どもの思いやねがいにそった柔軟なカリキュラムをめざす。

未来そうぞう科の対象例

A領域：自分自身	B領域：集団や人間関係		C領域：社会や自然	
好きなこと・得意なこと	学級・学年 隣接学年		校庭 学校	自分・家族・ 学級・学年・
様々な生き方・考え方との出会い	隣接校園 （幼稚園 保育所	異学年（縦割り活動）	地域 日本 世界	動物・植物・ 暮らし・防災・ 情報・科学技術
自分の生き方・考え方	特別支援学校 中学校等）		地球 宇宙	環境・国際理解 伝統・文化・ 健康・福祉 など

実践的・体験的な活動とは未来そうぞう科の学習活動であり，子どもが活動を通して，学ぶ教科であるこということを示している。

【見方・考え方】

> イメージ・クリエイトの往還を通して，多角的・多面的にアプローチし，過去・現在・未来と関連づけながら，よりよい未来の実現をめざそうとすること

○未来そうぞう科の見方・考え方を働かせて

　ここでは，未来そうぞう科において，どのような視点で対象を捉え，どのような考え方で思考していくのかを示す。

　「**イメージ・クリエイトの往還**」とは子どもたちは学びの対象と向き合う中で現状が，より望ましいものへと変容することを思い描き，新たに行動を起こしたり，立ち止まったりすることを繰り返すことである。

　「**多角的・多面的にアプローチし**」とは対象を一面的に捉えるのではなく，子ども自らの過去の経験や各教科等で身につけた既有の知識や技能，友だちの考えなどをもとに様々な視点で対象にアプローチしていくこと。そして対象にアプローチすることによって得られた経験を蓄積していくことで，対象を改めて捉え直し，再び対象にアプローチしていくことである。多角的・多面的な視点で対象にアプローチすることにより方向性を持って「イメージ・クリエイト」が往還される。

　「**過去・現在・未来と関連づけながら**」とは，子どもたちの時間軸を表し，対象を過去の経験と関連づけたり，現在の現状把握に努めたりして，対象がより望ましい未来に近づくために今，何ができるかを考えることである。ただし子どもによって，未来を見通す空間や時間軸は異なる。その点を踏まえながら，領域ごとにおけるよりよい未来の本質的な課題を明確にすることが大切である。

　○どんな状況においても希望を持ち，共によりよい未来をそうぞうしようとする

　未来そうぞう科におけるめざす子どもの姿である。未来そうぞう科の見方・考え方を働かせて対象にアプローチすることにより，方向性を持って「イメージ・クリエイト」が往還され，子どもの主体的実践力や協働的実践力が両輪となって発揮され，対象に新たに意味や価値を見出すことができる力（そうぞう的実践力）が育成できると考える。

⑵**イメージ・クリエイト**

　子どもは，「イメージ（想像）」と「クリエイト（創造）」を繰り返しながら対象に対して向き合っていく。子どもたちは学びの対象と向き合う中で現状がより望ましいものへと変容することを思い描き，新しく行動を起こしたり，立ち止まったりする。このような一連の営みは「未来そうぞう科」だけではなく，既存の教科においても行われると考える。イメージ・クリエイトは，互いに往還しながらもより広がり，深まりのある「イメージ」が，より具体的な「クリエイト」につながり，その「クリエイト」がさらに広がり，深まりのある「イメージ」

へとつながっていく。このように，「イメージ」と「クリエイト」の質を高めながら「未来を『そうぞう』する子ども」をめざして進んでいく。

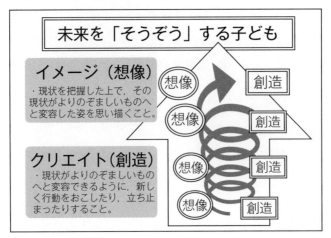

イメージ・クリエイトの往還を表す図

4 未来そうぞう科の内容構成

(1)3つの領域

未来そうぞう科の目標を達成するために，指導すべき内容項目を以下の3つの領域と，「第1学年及び第2学年」，「第3学年及び第4学年」，「第5学年及び第6学年」の学年段階に分けて示す。さらに，内容項目を分類整理し，内容の全体構成及び相互の関連性と発展性を明確にした。

A領域【自分自身】　B領域【集団や人間関係】　C領域【社会や自然】

(2)内容の取り扱い方

①各学校における内容の工夫

3つの領域の内容は，6年間を通して育みたい資質・能力を各学校で明確にし，系統的に構成されることが望まれる。単元の内容によるつながりではなく，育みたい資質・能力を連続的に育む単元構成の設定が重要となる。各学校におけるめざす子ども像を土台に，3つの実践力が発揮された姿を示すことが求められる。

3つの内容に示されている1つの内容項目は独立して働くものではなく，互いに働きかけたり，働きかけられたりする。さらには，既存の教科も含めて，一体的に補い合って高めていくことが重要である。主体的実践力・協働的実践力・そうぞう的実践力は，必ずしも1単位時間の授業の中で全てが実現されるものでもない。単元や内容や時間のまとまりの中で，子どもや学校の実態に応じ，多様な学習活動を組み合わせてどのように授業を組み立て，進めていくかが重要である。

②関連的・発展的な取り扱いの工夫

他教科等で身につけた資質・能力をつながりのあるものとして組織化し直し，それらが連動

して機能するようにすることが大切である。これからの時代においてより求められる資質・能力は，既知の特定の状況においてのみ役立つのではなく，未知の多様な状況において，自在に活用することができるものであることが求められている。そのために，各教科等の内容について，「カリキュラム・マネジメント」を通じて，相互の関連づけや横断を図り，必要な教育内容を組織的に配列し，未来そうぞう科と関連する教科等の内容と往還できるようにすることが大切である。

5 各領域における指導の観点

(1)自分自身（A領域）における目標と指導の要点

自分自身を知ることで，希望を持って生きていく自分自身の将来の姿を「想像」し，そのイメージを実現し「よりよい未来」を「創造」するためにはどのように生きていくことが望ましいのか，自分自身にアプローチすることができる学習展開を行う。

①各学年の目標

【A領域におけるめざす子ども】

　自分を肯定的に受け入れ，他者との関わりの中で自分を捉えなおし，未来をよりよく生きるために，今の自分に意味や価値を見出し続けることができる子ども。

各学年の目標

[第1学年及び第2学年]

〈主体的実践力〉

　自分の決めた課題に対して自ら進んで活動することができる。

〈協働的実践力〉

　課題を解決するために，友だちと協力することができる。

〈そうぞう的実践力〉

　課題を解決するために，現在の興味から，自分なりに工夫し，自分を高めることができる。

[第3学年及び第4学年]

〈主体的実践力〉

　今の自分を高めようと，自分の決めた課題に対して自ら対象に関わり続けることができる。

〈協働的実践力〉

　他者との関わりの中で，今の自分を高めようと，自分とは違う立場の人と協力することができる。

〈そうぞう的実践力〉

　過去・現在を見通して，様々な見方・考え方を働かせ，今の自分を高めようとする過程に対して意味や価値を見出すことができる。

[第5学年及び第6学年]

〈主体的実践力〉

自分を肯定的に受け入れ，自分を捉えなおし，困難があってもくじけずに自ら対象に関わり続けることができる。

〈協働的実践力〉

他者との関わりの中で自分を捉えなおし，自分とは違う立場の人の見方・考え方と，比べたり関連づけたりして，受け入れることができる。

〈そうぞう的実践力〉

過去・現在を根拠に見通しを持って，多角的・多面的な見方・考え方を働かせて，自分のあり方に意味や価値を見出したりし続けることができる。

②Ａ領域の概要

変化が激しく先の見通しが持ちにくい現代社会において，明るい希望がなかなか持ちにくい日々に，よりよい未来を「想像」し，「創造」することができる力が必要である。Ａ領域では，「未来によりよく生きる自分」をそうぞう（想像・創造）するために，自分のあり方を肯定的に捉え，「"今"の自分自身はかけがえのない価値ある存在であり，大切にしていきたい何かを持っている」と思えることが大切だと考えられる。つまり，自己肯定感を高めていくことが重要となる。

Ａ領域では，主体的実践力を発揮し，自分を肯定的に受け入れ，あきらめず自ら対象に関わり，協動的実践力を発揮し，他者との関わりの中で自分を捉えなおし，そし

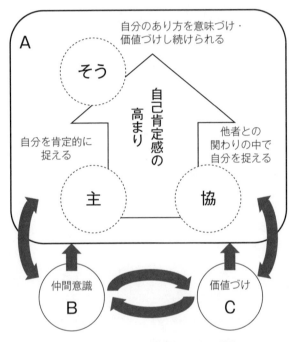

Ａ領域における３つの資質・能力の構造図

て，未来につながるよりよい自分をつくるために，そうぞう的実践力を発揮しながら，自分のあり方を積極的に意味づけ，価値づけし続ける子どもを育むことをめざしている。

③指導の要点

[第１学年及び第２学年]

自分の中の「好きなこと」「楽しめること」に十分に没頭する経験を積み重ねることで，「一生懸命何かをするって楽しいな」「やっぱり自分は○○が好きなのだな」という思いを育てる。

[第３学年及び第４学年]

他者意識が広がり始める中学年では，自分の「好き」や「得意」に目を向け没頭するだけでなく，他者と交流することで，自分の「好き」を認めてもらえたり，友だちの「好き」を自分

の中に取り入れたりする経験を積む。

[第5学年及び第6学年]

　自分の「好き」や「得意」を追究するだけでなく，好きなことを持っている人，好きなことから仕事につなげている人，やっているうちに好きになった人，自分の仕事や今の自分に誇りを持っている人など，様々な人の考え方や生き方に触れ，自分のあり方を捉えなおす。その中で，「どんな自分も認めてあげていいのだ」と自己を肯定的に捉えることのできる見方・考え方ができる子どもを育てる。

　④実践事例

　1年生：だいすき　じぶん～「すき　すき」あつめよう～（令和元年度）

　○単元の概要

　自分がどんな物やことが好きなのかに気づき，それらをもとに，やりたいことを決め，挑戦していく。1・2学期は，すきブックに自分の好きな物やことをかきためていき，3学期に，実際にやりたいことに挑戦することで，自分の好きなことを見つけ，広げていく力を育成する。

そうぞう的実践力を発揮している姿

▼自分の好きを見つけ，友だちの好きを知っていく姿

▼自分なりに工夫して，自分の好きなことに挑戦しようとする姿

そうぞう的実践力の評価

▼子どもの姿　　▼すきブック　　▼対話型評価
考えてみる…………………テーマに合わせて，好きなものを思い浮かべることができる。
やってみる………………好きなものの思い出を話すことができる。
最後までやりぬく………「すきブック」に自分の好きなものを最後までかくことができる。

　2年生：すきすき探偵団Ⓢ（令和元年度）

　○単元の概要

　自分の好きを係活動として位置づけ，好きに日常的に触れるようにする。このことにより，自分の好きを深め，他者から自分の好きを認めてもらうことで，肯定感を高める力を育成する。

そうぞう的実践力を発揮している姿

▼自分の好きなこと（得意なこと）を係活動にし，友だちと楽しんでいる姿

▼自分の好きなことを工夫して，広げようとしている姿

そうぞう的実践力の評価

▼ワークシート　　▼活動報告書　　▼未来ノート　　▼eポートフォリオ
考えてみる…………………自分の好きなことや得意なことをそうぞうすることができる。
やってみる………………係活動として活動することができる。
最後までやりぬく………紹介するために，1人でも活動し続けることができる。

3年生：すきすきプロジェクト（令和元年度）

〇単元の概要

2年生で経験した「自分の好き」を捉えなおし，深めたり広げたりする活動である。このことにより，改めて「自分の好きなこと」について考え，再び経験したり，新しいことに挑戦したりできる場を設定することで，肯定感を高める力を育成する。

そうぞう的実践力を発揮している姿

▼継続して探究的に取り組み，他者の評価を受け入れ，さらに発展的に進めることができる姿

▼他者の好きなことに影響を受け，自分の好きなことと関連づけながら，新たに，好きなことに価値や意味を見出すことができる姿

そうぞう的実践力の評価

▼ワークシート　　▼パワーアップカード　　▼eポートフォリオ

考えてみる……………………自分の好きなことを「広げよう」としたり「もっと深めよう」としたりする際，他者の評価を受け入れることができる。

やってみる………………自分の好きなことに継続的に取り組むことができる。

最後までやりぬく………継続的に取り組んだことにより，自分自身で新たな価値や意味を見出すことができる。

4年生：好きをSWITCH～友だちの好きに挑戦！～（令和元年度）

〇単元の概要

3年生まで取り組んできた自分の好きをとことんする活動を発展させていく活動である。自分の好きなことと友だちの好きなことを交換（スイッチ）することを経て，友だちの好きと融合（コラボ）させたり，自分の将来の夢に関わるものと結びつけたりして，活動を発展させていく。自分の「好き」を見つめ直し，過程に対して意味や価値を見出す力を育成する。

そうぞう的実践力を発揮している姿

▼「好き」に取り組む理由を明確に持っていたり，自分にとっての意味を見出したりしている姿

▼好きということを将来の仕事につなげて考えたり，自分自身の気づきの変容を捉えたりしている姿

そうぞう的実践力の評価

▼思考ツール　　▼eポートフォリオ　　▼ワークシート　　▼プレゼンテーション

考えてみる……………………自分のことを分析的に見つめることができる。

やってみる………………自分への気づきや変容を捉えることができる。

最後までやりぬく………活動をふりかえり，自分にとっての意味を見出すことができる。

5年生：LIFE～他者と出会い自分を考える～（令和元年度）

〇単元の概要

自分の好きなこと，得意なことを見つけ，それがどのようによりよい考え方や生き方につながるかを考える活動である。自分の可能性に気づき，有能感や有用感を高める力を育成する。

そうぞう的実践力を発揮している姿

▼自分が「好き」，「得意」と思えることをたくさん見つけ，そのことを自分のこれからの考え方や生き方に生かそうと，結びつけて考える姿
▼伝記を読んだり，人生の先輩たちの話を聞いて，どのように「好き」や「得意」が考え方や生き方につながっているかを考え，有能感や有用感を高められる姿

そうぞう的実践力の評価

▼マインドマップ　　▼ワークシート
考えてみる…………………自分の「好き」や「得意」と関連する伝記を読んだり，人生の先輩に質問したりしながら，自分の考え方や生き方に結びつけて考えることができる。
やってみる…………………自分の中にない視点についても考えを広げて捉えなおすことができる。
最後までやりぬく………自分の「好き」や「得意」が生かされて，よりよく生きる未来を想像し，これからの考え方や生き方に生かすことができる。

6年生：LIFE・My LIFE（令和元年度）

○単元の概要

「過去の自分」と「今の自分」を見つめ，自分がかけがえのない存在であることを認識し，よりよい「未来の自分」を想像し，これからの人生で大切にしたいことを考える活動である。自分自身のよりよい未来を想像し，今できることを考えてそうぞうし続ける力を育成する。

そうぞう的実践力を発揮している姿

▼様々な職業に就かれている方の話を聞いたり，自分の好きなことを認めてもらったりすることで，「自分」や周りの人を肯定的に受け入れる姿
▼自身の生き方につなげて考えたり，未来の自分の姿や社会を想像したりする姿

そうぞう的実践力の評価

▼ワークシート　　▼eポートフォリオ　　▼対話型評価
考えてみる………………「自分」や周りの人を肯定的に受け入れることができる。
やってみる………………未来の自分の姿や社会を自分の生き方につなげて考え，考えたことを客観的に捉えることができる。
最後までやりぬく………自分の価値観を捉えなおしたり，変容した価値を見出したりすることができる。

(2)集団や人間関係（B領域）における目標と指導の要点

多様な集団との関わりの中で，相手の気持ちを「想像」し，人との関わりを深めることがよりよい未来の「創造」へとつながっていくということを実感することができる学習展開を行う。

①各学年の目標

【B領域におけるめざす子ども】

自分が所属する集団での課題解決を通して，仲間意識を持ち，多様な集団の中で活動することへの意味や価値を見出し続けることができる子ども。

各学年の目標

[第1学年及び第2学年]

〈主体的実践力〉

　楽しんで活動に参加することができる。

〈協働的実践力〉

　他者の意見を聞いて，仲良くすることができる。

〈そうぞう的実践力〉

　自分が所属する集団での課題解決を通して，人と関わることへの楽しさを見つけることができる。

[第3学年及び第4学年]

〈主体的実践力〉

　集団の関係や活動内容がよりよくなるように意見を出したり，自ら進んで楽しんで活動に参加したりすることができる。

〈協働的実践力〉

　他者の思いやねがいを受け入れ，協力することができる。

〈そうぞう的実践力〉

　自分が所属する集団における課題解決を通して，自分の役割にやりがいを持つことができる。

[第5学年及び第6学年]

〈主体的実践力〉

　自律的に判断しながら，方向付けて活動することができる。

〈協働的実践力〉

　自分の役割を理解して，他者の思いやねがいを受け入れ認め合いながら，協力することができる。

〈そうぞう的実践力〉

　自分が所属する集団での課題解決を通して，多様な集団の中で活動することへの意味や価値を見出し続けることができる。

　② B 領域の概要

　相手の気持ちを「想像」し，よりよい人間関係を「創造」することができる子どもを育むためには，学級・学年・異学年・隣接学校などと関わり合って取り組む活動を通して「仲間意識」を持たせることが重要である。仲間意識を，互いに興味を持ち，相手のことを知り合うことから始まっていく。また，共通の目的を持ち，考えを出し合ったり活動したりする中で，自分の役割を持って行動できるようになると考える。このような経験の積み重ねをもとにし，多様な集団に対して自律的に判断しながら，他者の思いや，ねがいを受け入れて共感し，活動す

ることへの意味や価値を見出し続ける子ども
を育むことをめざしている。

③指導の要点

【学級や学年】

学級・学年集団での関わりでは，友だちの
ことを知り，友だちと関わることの楽しさを
見つけることに重点を置く。日々の生活を共
にする中で，よりよい人間関係を築き，より
豊かな生活を送るために，様々な課題の解決
方法を話し合い，合意形成を図って決まった
ことに対して協力して実践したり，意思決定
したことを実践したりすることが大切である。
例えば，スピーチや班遊びやみんな遊び，学
年レクリエーション大会などの活動などが考
えられる。

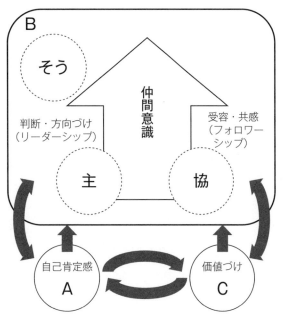

B領域における3つの資質・能力の構造図

【多様な集団との関わり】

多様な集団とは幼稚園や保育園，特別支援学校，中学校などの隣接校園のことである。隣接
校園との交流のよさは小学校の異学年交流では置かれることがない立場で活動できることであ
る。このような多様な集団と関わりでは，普段の学校生活とは異なる立場となるように計画す
ることが大切である。

【異学年集団】

異学年集団とは，自学年と他学年の集団を示す。本校では，運動会で低・中・高学年に分か
れて表現運動を行ったり，学校探検では，2年生が1年生に学校を案内したりするなど，異学
年と交流する活動を積極的に行ってきた。1年生から6年生まで異なる立場の集団と関わる中
で，互いに慣れ親しむ関係を築いていくように計画することが大切である。

【友だちタイム】（縦割り活動）

全学年縦割り班活動「友だちタイム」では，異学年集団における協働性を育むことをねらい
としている。異学年集団のよさは，自然とリーダーシップ，フォロワーシップを発揮できるこ
とにある。その中で，一緒に取り組む楽しさやよさを感じることができる。

異学年集団の中で，さらに，1年生から6年生までが1人ずつ入った小班を構成することで，
より一人ひとりの役割が明確になり，ねらいとするリーダーシップやフォロワーシップが，よ
り発揮されやすいと考える。

〈第1学年及び第2学年〉

共通の目的のもと，自分なりの思いやねがいを持ち，楽しんで活動に臨むことに重点を置く。

自分よりも年上の人への憧れや，その存在に認めてもらえる喜びを感じられる場を構成する。

〈第3学年及び第4学年〉

　自分自身が楽しんで活動するとともに，集団の関係や活動内容がよりよくなるように自分の意見を持って活動に臨めることに重点を置く。活動においては，役割を与えたり，自ら役割を持ったりすることができるように配慮するとともに，その役割に対してやりがいを感じられる場を構成する。

〈第5学年及び第6学年〉

　集団の中でリーダーとしての役割を担うことが多くなる。そのため，下の学年の子どもたちの思いやねがいを受け止め共感しながらも，集団や活動内容がよりよくなるように，自分たちが判断して活動に臨めることに重点を置く。活動においては小班による活動を多く取り入れ，リーダーとして責任感を持って活動できる場を構成する。

　活動内容例

〈遊び〉

　友だちタイムで扱う題材は，目的意識（仲間づくり，〜のために）を持ったうえで，既存の遊びにとらわれず，「これ（学習材）で何ができるかな」と遊びを工夫し，発展していけるものとして，下図のような条件を考慮するとよいと考えられる。

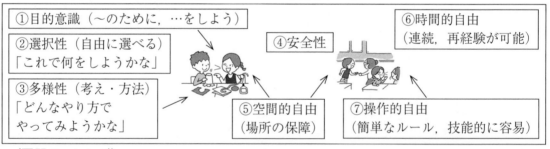

①目的意識（〜のために，…をしよう）
②選択性（自由に選べる）「これで何をしようかな」
③多様性（考え・方法）「どんなやり方でやってみようかな」
④安全性
⑤空間的自由（場所の保障）
⑥時間的自由（連続，再経験が可能）
⑦操作的自由（簡単なルール，技能的に容易）

〈平野チャレンジ〉

　縦割り班や小班を活動単位として，〈遊び〉にある題材を中心に扱い，時間・回数・長さ・高さなど，自分達の記録を伸ばしていけるような活動が考えられる。活動を通してリーダーシップ，フォロワーシップをとったり，他者と協働したりする姿をめざす。

〈友そうじ〉

　低学年は，掃除用具の基本的な使い方を知り，みんなと一緒に取り組む姿をめざす。中学年は役割分担に参加し，低学年に掃除のコツを伝える姿をめざす。高学年は集団全体をよりよくするために役割意識を持って行動する姿をめざす。

　④実践事例

　1年生：だいすき　なかま

　　　　　あこがれの　ヒーロー〜なりたい・みつける・まねる・なってみせる〜（令和元年度）

〇単元の概要【異学年や幼稚園の子どもとの関わり】

異学年や幼稚園の子どもとの関わりの中で自分のヒーロー像を見つけ，真似ていくサイクルを繰り返すことを通して，人と関わることへの楽しさを見つける力を育成する。

そうぞう的実践力を発揮している姿

▼1人ではなく，他者と共に活動することを楽しんでいる姿

▼違う立場の他者と関わりを通して，あこがれのヒーロー像を広げ，深めている姿

そうぞう的実践力の評価

▼子どもの姿　　▼未来ノート　　▼ワークシート　　▼eポートフォリオ

考えてみる……………時間・人数・遊びの内容を考えることができる。

やってみる……………仲良くなるために，一緒に楽しく遊ぶことができる。

最後までやりぬく………あこがれのヒーロー像を更新し続けることができる。

2年生：カモシレナイ探偵団Ⓚ⑤（令和元年度）

○単元の概要【学級や学年・異学年との関わり】

ひと・もの・ことに関して，「カモシレナイ」という考え方を踏まえた活動である。身の回りの「？」を探したり，同学年の仲間がどんなことを考えているのかを想像したり，1年生や中・高学年とどうしたら楽しく過ごせるかなと想像したりしながら，人と関わることへの楽しさを見つける力を育成する。

そうぞう的実践力を発揮している姿

▼1人では解決できないことに，協力しながら取り組んでいる姿

▼他者の動きや他者の考えを，見たり聞いたりすることを楽しんでいる姿

そうぞう的実践力の評価

▼子どもの姿　　▼未来ノート　　▼ワークシート　　▼eポートフォリオ

考えてみる……………様々なアイデアを出し合うことができる。

やってみる……………1つのやり方に固執せず，様々な方法を試すことができる。

最後までやりぬく………してみてどうだったかふりかえることができる。

3年生：音楽を通して，自分たちの気持ちをそうぞうしよう（令和元年度）

○単元の概要【学級や学年との関わり】

学級や学年で自分たちの好きな歌を決めて歌う活動である。学級や学年で歌を歌い続けることを通して，自分の気持ちを表現することを楽しみ，みんなが一体になるよさを見出す力を育成する。

そうぞう的実践力を発揮している姿

▼1人ではなく，みんなで自分たちの好きな歌を歌うことで，自ら進んでみんなと楽んでいる姿

▼自分以外の人の意見を聞くことにより，今までになかった見方ができるようになり，歌に対して新たな意味づけや価値づけを行っている姿

そうぞう的実践力の評価

▼子どもの姿　　▼eポートフォリオ
考えてみる………………自分たちでどの歌を歌うか考えることができる。
やってみる………………みんなで，楽しく歌うことができる。
最後までやりぬく………他者の意見を聞くことによって，歌に対して新たな見方ができ，次の歌に生かすことができる。

４年生：喜・努・愛・楽～自分も，みんなも大切に～（令和元年度）
〇単元の概要【台湾の子どもたちとの関わり】

「台湾のみんなと仲良くなろう！」という課題のもと，台湾のみんなが知りたいことを想像しながら，食・観光・生活・学校などのジャンルに分かれて，日本の文化を伝える活動である。自分とみんなとの「違い」を知り，それを認め合う力を育成する。

そうぞう的実践力を発揮している姿

▼友だちの思いや考え方を認めたり，その違いを受け入れたりしている姿
▼交流に向けて，自分たちの活動をふりかえり，その中に価値を見出している姿

そうぞう的実践力の評価

▼子どもの姿　　▼ワークシート　　▼未来ノート　　▼eポートフォリオ
考えてみる………………交流に向けて，様々なアイデアを出し合うことができる。
やってみる………………台湾の子どもたちと関わることができる。
最後までやりぬく………台湾の子どもたちに自分たちの思いや考えを，色々な方法を試して伝えることができる。

５年生：友だちタイム15min　５年生がやってきた！～３年生との交流～（令和元年度）
〇単元の概要【異学年との関わり】

明確な目的を持って，異学年と交流を行う活動である。交流を通して，他の学年の特質を生かすことができるように考え，他者の思いやねがいを受け入れたり，認め合ったりすることができるようになるなど，リーダーシップを発揮しながら活動に取り組み続ける力を育成する。

そうぞう的実践力を発揮している姿

▼３年生の思いやねがいをくみ取りながら，今の自分達にアドバイスできることは何かを考えている姿
▼自分達の経験や反省をもとにアドバイスができたかどうかなど，自己の活動に意味や価値を見出し，次につなげている姿

そうぞう的実践力の評価

▼子どもの姿　　▼未来ノート　　▼ワークシート　　▼eポートフォリオ
考えてみる………………３年生の思いをもとにどのようなアドバイスがよいのか考えることができる。
やってみる………………３年生の思いやねがいに沿ったアドバイスを行うことができる。
最後までやりぬく………３年生の思いを大切にしてアドバイスし，その経験を他の学年との交流に生かすことができる。

6年生：和‼縁JOY（令和元年度）

○単元の概要【異学年・学級や学年との関わり】

　学校行事である友だちタイムで，自らが楽しむよりも全体の活動の企画・運営をし，1〜5年生が楽しく活動できる遊びなどを考え，グループをまとめていく活動である。あらゆる想定をしながら，集団や活動内容がよりよくなるように自分たちで判断し，フォロワーシップを発揮しながら，企画・運営することに価値を見出し続ける力を育成する。

そうぞう的実践力を発揮している姿

▼違う立場の他者との関わりを通して，遊びや平野チャレンジの成功に向けて，工夫して考えている姿

▼違う立場の他者と共に活動する計画を，反省を踏まえて考えている姿

そうぞう的実践力の評価

▼子どもの姿　　▼未来ノート　　▼ワークシート　　▼eポートフォリオ

考えてみる……………計画・時間・対象の人・遊びや活動内容を考えることができる。

やってみる……………活動の企画を立て，運営していくことができる。

最後までやりぬく………行事を成功させるところまで取り組み続けることができる。

⑶社会や自然（C領域）における目標と指導の要点

　自分を取り巻く社会や自然など，一見自分とは直接つながりにくいと捉えがちな対象についても「自分事」として捉え，「社会」や「自然」の「よりよい未来」の「創造」に向けて，それらに対して自分なりにできることを「想像」し，社会や自然にアプローチすることができる学習展開を行う。

①各学年の目標

【C領域におけるめざす子ども】

　どんな状況においても，よりよい未来をそうぞうするために，他者と共に，どのような課題においても自分事と捉え，あきらめず課題解決のためにアプローチし続ける子ども。

各学年の目標

[第1学年及び第2学年]

〈主体的実践力〉

　対象に関心を持ち，これまでの学びや経験を思い出し，課題解決に向けて楽しんで活動することができる。

〈協働的実践力〉

　自分とは違う思いや気付きを知り，協力して働きかけることができる。

〈そうぞう的実践力〉

　対象のよりよい未来のために，自分なりに工夫しながら，考えたり活動したりすることができる。

[第3学年及び第4学年]

〈主体的実践力〉

　対象を自分とつなげて捉え，これまでの学びや経験をもとに，課題解決に向けて試行錯誤しながら活動することができる。

〈協働的実践力〉

　自分とは違う様々な思いや考え方を受け入れ，協力して働きかけたり活動したりすることができる。

〈そうぞう的実践力〉

　対象のよりよい未来のために，現状を捉え，多様な方法からつながりを見出しながら，見通しを持って考えたり活動したりできる。

[第5学年及び第6学年]

〈主体的実践力〉

　対象を自分事として捉え，これまでの学びや経験を活かして，課題解決に向けて自律的に活動することができる。

〈協働的実践力〉

　自分とは違う価値観を受け入れ認め合いながら，協力して対象に働きかけることができる。

〈そうぞう的実践力〉

　対象のよりよい未来の実現のために，様々なものごとを多角的・多面的に捉え，それぞれの意味や価値を見出し，あきらめず活動したり発信したりし続けることができる。

　②Ｃ領域の概要

　自分の身近なものやことから始まり，普段の生活の中ではなかなか自分事として捉えることの少ない地球や宇宙などにも目を向けアプローチしていく。

　Ｃ領域では，多角的・多面的に物事を捉えて対象に関わることを通して，Ａ領域・Ｂ領域で培った力も発揮しながら，未来そうぞう科の集大成となる活動をすることができると考える。課題を解決していく過程において，何度も挑戦を繰り返す中で，課題解決に向けてあきらめずに取り組み，最後までやりぬくことを重視している。6年間の系統性を考えつつ，3つの資質・能力の育成を図ることで，どんな状況においても，希望を持って自ら行動し，みんなでよりよい未来をつくろうと，あきらめずそうぞう（想像・創造）し続けることができる子どもを育むことをめざす。

　③指導の要点

[第1学年及び第2学年]

　様々なことに関心を持ち，実際に触れることのできる身近なもの・こと・ひとと関わるという実感を伴った経験から，課題解決のためにアプローチしていく。

[第3学年及び第4学年]

　今まで直接関わったことの少ないもの・こと・ひとを対象とすることで，つながりに目を向

け，試行錯誤しながら，課題解決のためにアプローチしていく。

[第5学年及び第6学年]

今まで考えたことのない，または，関わったことのないもの・こと・ひとを対象とすることで，あらゆることを自分事として捉え，自律的に課題解決のためにアプローチしていく。

④実践事例

1年生：しぜんとあそぼう！（平成30年度）

○単元の概要

子どもたちにとって一番身近な学校をもっと好きになるための活動である。運動場の木

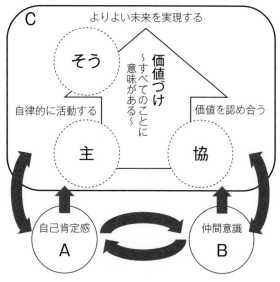

C領域における3つの資質・能力の構造図

やそこに紐をかけた場を設定し，「しぜんとあそぼう！」をテーマに諸感覚を意識し，自分なりの目標や興味を持って，試行錯誤を繰り返しながら活動に没頭する力を育成する。

そうぞう的実践力を発揮している姿

▼自分なりに楽しみ活動に没頭する姿

▼設定された場の中で，何とか自分の思い通りにしようと試行錯誤しながら何度も挑戦する姿

そうぞう的実践力の評価

▼子どもの姿　　▼対話型評価　　▼eポートフォリオ
考えてみる……………自然に興味を持ち，諸感覚を意識しながら，作りたいものを考えることができる。
やってみる……………友だちと一緒に楽しみながら活動することができる。
最後までやりぬく………自分なりの目標を持ち，何度も挑戦することができる。

2年生：にこにこ探偵団Ⓝ（令和元年度）

○単元の概要

学年目標「みんなが！みんなで！えがお」をめざし，123期生から引き継いだミニチュアホースのひめちゃんや，自分たちの育てたい植物，季節の自然と関わる活動である。みんなの「えがお」を想像し，対象に関わり続ける過程で，「自然」「生き物」「自分たち」の笑顔を想像し，自分なりに工夫しながら行動し続ける力を育成する。

そうぞう的実践力を発揮している姿

▼日々のお世話や観察に取り組み，自分なりに課題を見出したり，試みたりする姿

▼自分たちの感じた動植物の魅力を発信することで，他者評価をもとに，自分の思いや過去の活動を価値づける姿

そうぞう的実践力の評価

▼自己評価　▼対話型評価

考えてみる……………………みんなの「えがお」を想像しながら様々なアイデアを出し合うことができる。

やってみる……………………日々のお世話や観察に取り組み，自分なりに課題を見出すことができる。

最後までやりぬく………自己評価や他者評価をもとに，活動をふりかえることができる。

3年生：平野 EXPO 平野の歴史と進歩〜令和から平和へ〜（令和元年度）

○単元の概要

平野の町を紹介する平野 EXPO を開催する。平野 EXPO 開催に向けて活動する中で，課題を見通し，友だちや地域の人など様々な人と協働し，色々な視点から考えて創意工夫し，行動し続ける力を育成する。

そうぞう的実践力を発揮している姿

▼平野 EXPO 開催に向けて，色々な視点から考え，よりよい展示やプレゼンにするために創意工夫する姿

▼平野 EXPO で自分が調べたことや考えたことを発信することで，他者からの評価をもとに，自分の思いや過去の活動を価値づける姿

そうぞう的実践力の評価

▼e ポートフォリオ

考えてみる……………………展示やプレゼンを作るために計画を立て，見通しを持って活動をすることができる。

やってみる……………………色々な視点から考え，よりよい展示やプレゼンにするために，創意工夫することができる。

最後までやりぬく………他者からの評価をもとに，自分の思いや過去の活動を価値づけ，次の活動に生かすことができる。

4年生：タイムスリップ〜過去から未来へのバトン〜（平成30年度）

○単元の概要

昨年の異常気象による集中豪雨によって川の氾濫や土石流など，各地において見られた自然災害について知り，地域の河川に目を向けた防災に取り組む活動である。多角的・多面的な視点から未来の防災について自分たちに何ができるかを考えて行動し続ける力を育成する。

そうぞう的実践力を発揮している姿

▼大和川の洪水の原因を過去から現在までの流れから考察し，大阪の防災への意識へとつなぐ姿

▼江戸時代の大和川の付け替えに尽力した人々の営みや思いから，未来の防災について考え，自分たちができることを実践しようとする姿

そうぞう的実践力の評価

▼対話型評価

考えてみる………………これまでの経験や学びをもとに防災について考えることができる。

やってみる………………大和川について，見通しを持って，多角的・多面的に課題を解決し，学んだことを他者に
　　　　　　　　　　　　発信することができる。

最後までやりぬく………大和川の学びから，新たな疑問や問題を見つけ，追究し続けることができる。

５年生：ほたる池復活プロジェクト（令和元年度）

○単元の概要

　これまでの経験の中から，自分たちが取り組んでみたいこと（ほたる池を復活させる）に取り組む活動である。ほたる池の周囲の環境を美しくするために，ほたるが棲める環境をつくることをめざして活動することを通して，困難を乗り越える力を育成する。

そうぞう的実践力を発揮している姿

▼ほたる池の環境整備を通して，自然や今の技術に対する意味や価値を見出している姿

▼問題が起きても諦めずに挑戦する姿

そうぞう的実践力の評価

▼対話型評価　　▼ワークシート　　▼eポートフォリオ

考えてみる………………現状を把握し，自分たちができることを考えることができる。

やってみる………………自分たちで決めたことをよりよい方法を見つけながら活動することができる。

最後までやりぬく………解決が困難な課題に対しても，諦めずに取り組み続けることができる。

６年生：校庭キャンプde発見（令和元年度）

○単元の概要

　無人島開拓をしている「無人島プロジェクト」の方と連携しながら行う活動である。「無」から「有」を生み出す体験から，普段の豊かな生活のよさを改めて感じ，諦めずに活動し続けることを通して，意味や価値を見出す力を育成する。

そうぞう的実践力を発揮している姿

▼自分たちのこれまでの取り組みや現状を見直し今後の計画を立てている姿

▼自分たちの取り組みを自分の言葉で語り，今後の活動に向けて必要なアドバイスを聞き出していく中で，自分の取り組みを客観的に捉え，新たな意味や価値を見出し改善する姿

そうぞう的実践力の評価

▼対話型評価　　▼パワーアップカード

考えてみる………………これまでの経験や学び，現状を見直し，今後の計画を立てることができる。

やってみる………………活動の中でよりよい方法を見出し，積極的に活かすことができる。

最後までやりぬく………課題について多角的・多面的に自分事と捉え，どんな状況においても新たな意味や価値を
　　　　　　　　　　　　見出し，課題解決に向けて，取り組み続けることができる。

事例1

だいすきじぶん
すきすきクイズとすきすきトーク

1 単元について

(1)単元の内容【自分自身を対象とする内容】

　本単元では，自分の「すきな○○」に取り組み，保護者に参画として協力していただき，共感的なサポートをしてもらうことで，自己肯定感が高まることがねらいである。

　1・2学期に，自分にとっての好きなものやことは何かを意識できることをねらいとして，「すきブック」の作成を行い，クイズを通して共有することを繰り返す。3学期には，保護者を交えて「すきブック」をもとに交流し，保護者の「すきな○○」を紹介してもらうことで，自分の「すきな○○」をもっと好きになれるように活動する動機づけになるようにしかける。

　自分の活動をふりかえり，1年生なりに活動したことへの意味や価値，次にしたいことを考えることで，今後の自分の好きなものやことへより意欲的に向き合える姿になることをめざす。また，本時の後に保護者ともふりかえりを行い，共感的に話してもらうことで，子どもたちの自己評価がより強固となり，自己肯定感を高めていく。

(2)単元の目標

【そうぞう的実践力】	
・友だちや保護者に自分の好きなものやことを工夫して話すことで，好きなものやことがある自分を肯定し，自分を大切に思う気持ちを高めることができる。	
【主体的実践力】	【協働的実践力】
・自分の好きなものやことを捉えたり，自分のしたいことに自分から挑戦したりすることができる。	・相手の好きなものやことに対して，相手のことを考えて前向きなコメントをすることができる。

(3)未来をそうぞうする子どもを育成するために

○「すきブック」の作成とクイズやパワーアップカードによる言語化

　国語科で学習したクイズの仕方を繰り返すことで，自分の好きなものやことの捉え方に楽しみながら気づけるようにする。また，自分の好きなものやことの捉え方や，みんなに伝えたいという「発信」の基礎になるようにパワーアップカードを用いてふりかえりを行う。

○保護者の共感的なサポート

　保護者に，質問も交えながら徹底的に傾聴してもらい，子どもたちが好きだと思う気持ちを肯定できるような共感的なサポートをしてもらう。保護者には，事前にアンケートを取り，子どもたちの興味感心と重なる保護者と話せるよう組み合わせに配慮する。

② 授業の実際

目標 ○好きなものやことがある自分を肯定し，自分を大切に思う気持ちを高めることができる。

【そうぞう的実践力】

	子どもの姿	教師の役割
導入	**1．めあてと学習の流れを確かめる。** 自分がやったことを早く話したい。友だちのことも聞きたいな。　どんなヒントや質問だったら，面白いクイズになるかな。	
展開	**「すきブック」のクイズやお話をしよう！** **2．クラスのみんなとクイズやお話をする。** 　(1)クイズ いっしょにクイズができてよかった！　　好きになってよかったね！ 　(2)お話（クイズにとらわれず話したいことを話して聞いてもらう） やってみて楽しかった？　　うん！できてうれしかった！ **3．クラスのみんなに聞いてもらう。**	クイズやお話の進め方をクラスで共有する。 どの子もすぐに，ペアができるように声かけをする。 教師も話を聞き，聞き手が積極的に相槌や返事ができるように声かけをして促す。 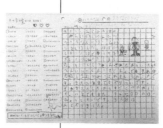 クラスが一体となって楽しむ時間も設ける。
終末	**4．ふりかえりを書く。** 好きなことを聞いてもらうのはやっぱりいいな。 	パワーアップカードの言葉を増やしたものを用意しておく。

③ 実践のためのポイント

○ペアでどのように話して進めていくか，毎時間確認することで，意識して話したり，聞いたりすることができるようになる。

○ふりかえる手立てとして，パワーアップカードの左側には，子どものふりかえりの中で見られた「すき」に対する意味づけや価値づけに関わる言葉を抜き出して掲載していく。

事例2

第1学年

あこがれのヒーロー
〜なりたい・みつける・まねる・なってみせる〜

1 単元について

(1)単元の内容【集団や人間関係を対象とする内容】

　本単元では，幼稚園の子どもたちがあこがれるヒーローになるために，異学年の中に様々なヒーローを見つけながら自分なりのヒーロー像にせまる活動を通して，ペアとなる幼稚園の子どもたちに対して自分なりの思いやねがいを持ち，人と関わることへの楽しさを見つける力を育成することがねらいである。

　1年生は幼稚園の子ども（年小）との交流をきっかけに「幼稚園の子どもたちにあこがれられるヒーローに【なりたい】！」と決意し，校園種の枠組みをこえて様々な異学年と交流していく。自分たちが遊びたいものに付き合って遊んでくれる6年生や様々な場面で交流することが多い2年生と関わる中で，今の自分が考えるあこがれのヒーロー像を【みつける】。そして見つけたヒーロー像を【まねる】場として，幼稚園の子どもたちと，遊びを通して交流していく。この活動を継続的に繰り返すことで，初めにイメージしたあこがれのヒーロー像が更新され続け，2年生に向けて【なってみせる】ヒーロー像をクリエイトしていく。

(2)単元の目標

【そうぞう的実践力】	
・違う立場の他者と関わりを通して，あこがれのヒーロー像を広げ，深めることができる。	
【主体的実践力】	【協働的実践力】
・違う立場の他者に合わせて，遊びや活動を考えることができる。	・1人ではなく，他者と共に活動することを楽しむことができる。

(3)未来をそうぞうする子どもを育成するために

○学びのプロセス

　幼稚園児との交流をきっかけとして，6年生をはじめとした異学年と関わり，自分のヒーロー像を見つけ，真似ていくサイクルを繰り返す。交流を経る中で，様々な人と意図的に関わることであこがれのヒーローに「なりたい」，「なってみせる」という課題意識を高めることができる。

○対話型評価

　幼稚園の子との交流において，幼稚園の子の反応や言葉を大切にふりかえることで，自分だけが楽しむ姿から自分もペアの幼稚園の子も楽しむ姿へ変容することができると考える。顔つきのネームプレートなどを用いて，幼稚園の子の気持ちを可視化できるように工夫していく。

② 授業の実際

目標 ○自分たちが計画した遊びや活動を通して，自分だけなく，幼稚園の子たちも楽しむことができる。

【協働的実践力】

	子どもの姿	教師の役割
導入	**1．自分自身の活動のめあてや活動を確認する。**  自分もペアの子もとっても楽しくなるように，遊びを考えたよ。	教師と子どもでつくった目標を確認していく。
展開	**1年生も幼稚園の子も楽しもう！** **2．幼稚園の子どもたちとペアになって，活動する。** (1)自分たちが考えた遊びで幼稚園の子と一緒に遊ぶ。 お兄ちゃんたちがつくったコマの遊びが楽しいな。  (2)楽しかったかを「顔カード」で表し，全体で話し合う。 今日，遊んでみて楽しかったかな？　　楽しかったよ。遊びを考えてくれてありがとう！	活動中の様子を写真や動画で撮りためておく。 顔カードを用意し，幼稚園の子たちの気持ちを可視化する。
終末	**3．自分がめざすヒーローになれたかをふりかえる。** みんな，楽しんでくれてうれしいな。	幼稚園の子の顔カードの結果をもとに，どんなヒーローになったかを考える。

③ 実践のためのポイント

○幼稚園の子との交流では，ペアをつくる。また，交流も1回で終わるのではなく，4回程度行うことで関係性が深まる。

○顔カードを用いることで，会話が難しい子の気持ちを可視化することができ，より自己評価力を高めることにつながる。

事例3

まほう de やってみよう！

❶ 単元について

(1)単元の内容【集団や人間関係を対象とする内容】

　本単元は，未来そうぞう科の全ての領域を往還し，図工科や音楽科，体育科等の他教科とも関連づけながら，自分なりにできることを考え，身近な社会（学校や家庭）や自然にはたらきかける活動である。

　子どもたちは，小学校に入学してから「とにかく何でもやってみよう！」というテーマの下に様々な学習や活動に興味を持って取り組んできた。そんな中で，図画工作科で行った帽子づくりをきっかけに「もっといろんなものを作りたい！」「それを使って劇やショーをしたい！」「いろんな人に見てもらいたい！」とやりたいことがたくさん出てきた。そこで，1年生にとって一番身近な社会である家庭と学校に目を向け，周りにある落ち葉やどんぐりなど自然のものだけでなく身の回りの「使わなくなったもの」を使い，楽器や衣装，小道具を作り，オリジナルのショーの開催をめざすことにした。自分たちの力で考え作り上げたものに愛着を持ち，楽しみながら学校という場にアプローチをする。教室から体育館へと場を変化していくことで，諸感覚も意識しながらイメージ・クリエイトの往還を刺激し，そうぞう的実践力を発揮することにつなげる。

(2)単元の目標

【そうぞう的実践力】	
・自分なりに考え工夫しながら，今あるものを使用して楽器や衣装を作ることができる。	
・よりよいものにするために，具体的な改善点や工夫を考えることができる。	
【主体的実践力】	【協働的実践力】
・これまでの学びや経験を活かし，楽しみながら活動することができる。	・友だちのアイデアも受け入れながら，仲良く取り組むことができる。

(3)未来をそうぞうする子どもを育成するために

　○使えるものを制限したり，場を変化させたりする

　活動に制限や変化を加え，イメージ・クリエイトの往還を刺激し，そうぞう的実践力を発揮することにつなげる。

　○活動をふりかえる

　eポートフォリオを使用したふりかえりやパワーアップカードによる自己評価の手立てとしての未来タイムによって，自分なりに工夫しながら活動に取り組む姿につなげる。

② 授業の実際

目標 ○体育館でショーを成功させるために，まず，体育館のつくりについて調べる。体育館の特徴（大きさ，音の聞こえ方や見え方等）を「なぜそれが必要なのか」という自分なりの観点を持ち，諸感覚を働かせながら徹底的に調べることができる。【そうぞう的実践力】

	子どもの姿	教師の役割
導入	**1．前時の活動をふりかえり，今日の流れを確認する。** 本番は，教室じゃなくて体育館でやるんだよね。楽しみ。 広さが全然違うけど，大丈夫かなぁ。 ミッション：体育館を徹底的に調べよ！	前時までに教室でやってきたことや今後の計画について確認する。
展開	**2．体育館でショーを実行するために，舞台の大きさ等ショーで必要な特徴を調べる。** 舞台の横や縦の長さは，絶対にいるよね。どうやってはかろうか？ どのあたりまで声が聞こえるか調べてみよう。  **3．全体でわかったことを共有する。** 舞台は思った以上に横が長いから，立つ場所に印があるとわかりやすいと思う。  マイクがないと，ここから後ろは聞こえない。	役者や衣装，大道具などそれぞれの担当に必要な視点（見え方や動き方等）で調べるようにする。 見る，聞く，動く，声を出す，感じるなど諸感覚を意識させ，実際にやってみるよう声かけをする。 広さや聞こえ方等の項目に分けて，わかったことを板書し，視覚化する。
終末	**4．今日の活動をふりかえる。（ワークシート・発表）** 見る人の事を想像しながら考えられたよ。  次は，実際にここで劇の練習がしたいな。	具体的な子どもの様子から本時の活動での成果と反省を出し，次の活動への意欲を高める。

③ 実践のためのポイント

○体育館で実際にやってみることによって，体験的にわかることができる。

○それぞれが別の活動をするため，一人ひとりが自分のすべきことを理解しているか確認しておくことが大切。状況を見ながら教師が活動方法を変更することも必要である。

未来そうぞう科　国語科　社会科　算数科　理科　図画工作科　家庭科　体育科　道徳科　外国語活動・外国語科

事例4

第6学年　校庭キャンプ de 発見

1 単元について

(1)単元の内容【社会や自然を対象とする内容】

　現代の日本は，ものが豊かにあり，科学技術が日々進歩している反面，それが人々の心に豊かさや幸せをもたらしているとは言い難い。また，環境問題や地球温暖化など早急に対策を打たなければならない問題もあり，子どもたちも他教科で知識として身につけている。さらに現状を把握しSDGsとつなげ，キッザニア甲子園や校庭キャンプの経験やA領域でのゲストティーチャーの話などからよりよい未来社会に向けて18個目のゴールを設定する。その目標達成に向けて，「今の自分たちができること」を考え発信していく。一方，家庭科では校庭キャンプの経験から"防災"に視点を広げ自分たちができることを考え発信していく。こうした教科横断的なカリキュラムが子どもたちの視点や捉え方を広げたり深めたりすることにつながると考える。10年後の社会を生きる子どもたちにとって，今ある現状をプラスに変えるそうぞう力を養うことにつながっていけばと思う。

(2)単元の目標

【そうぞう的実践力】
・社会や環境が持つ課題について，多角的・多面的に捉えながら，課題を解決する方法を考えることができる。
・自他の考えを比較したり，関連づけたりして，新たな意味や価値を見出すことができる。
・よりよい未来に向けて思考してきたことを，見通しを持って実践することができる。

【主体的実践力】	【協働的実践力】
・自ら進んで調べて考え，未来の社会や環境のために，積極的に活動に取り組むことができる。	・グループ活動の中で積極的にお互いのよさを認め合いながら，よりよい考えを作り出そうとすることができる。
・社会や環境が持つ課題を自分事と捉え，課題解決に向けて考え続けることができる。	・自他の考えを尊重し，協調しながら，課題解決に取り組むことができる。

(3)未来をそうぞうする子どもを育成するために

○子どものねがいや思いを大事にした学習活動の中で，同じ学びのプロセスを繰り返す学習展開をする。

○視野の広がりや深まりのために，1つの単元を他教科とつなげて考えるカリキュラムマネジメントを行う。

2 授業の実際

目標　○これまでの経験や学びをつなげて考えてきたことを交流することで，自分の考える
「よりよい未来社会」を捉えなおすことができる。　　　　　　　　【そうぞう的実践力】

	子どもの姿	教師の役割
導入	**1．これまでの学びをふりかえる。** 現状の課題を解決するために「こうしよう！」と思いついても，問題点も出てくるな…難しい。 今考えているエコバックのデザインについて，実際に使う立場の人の意見も聞けるといいな。	これまでの活動やその時の気づきについて**掲示物を活用して**，これまでの学びを想起しやすい環境づくりをする。
展開	**2．それぞれに考えてきた「ワタシの考えるゴール」を交流する。** SDGs を自分事とし，「よりよい未来社会」につなげよう。 (1)改善点や新しく見出した視点を持って，ゴールを捉えなおす。 別のゴールをめざしていてもつながる部分があって，最終的には人々の"笑顔"につながっていくんだね。 日本は先進国だと思っていたけれど，しっかりと現状把握すると，日本も貧困の現状があるんだ。 (2)「考えぬいたゴール」を交流する。 よりよい未来社会で大切なことは，"誰にとっても居心地がいい"ってことなのかな。 	各自が考えていることを**全体で共有し誰とでもアドバイスし合える**ように，ワークシートをロイロノートに入れて見ることができるようにする。  現代的諸課題や原因をしっかりと把握することができるように，**資料を用意しておく**。 ゴールを設定した理由や考えの共通点や相違点が**見える化できる**ようにキーワードを板書で整理する。
終末	**3．本時の学習をふりかえる。** 「未来社会」を考えることで，自分が大切にしていることや一番変えたいと思っている現状もはっきりと見えてきたよ。 これをまとめて，「知ってもらう」「広める」ための活動を進めていきたいな。 	自分たちが調べて考えてきたことを，「誰に」「何のために」発信していくかという目的意識につながるように子どもの思考を整理していく。

3 実践のためのポイント

○「よりよい未来社会」に生きる様々な立場に立って現状を捉えたり，第三者からのアドバイ
　をもらう場を設けたりすることにより，捉え方や価値観の広がりや深まりにつながる。

「そうぞう」のどの部分にどんな「力」が必要なのか？

金光靖樹（大阪教育大学教授）

　四年間をふりかえり，今一度問いたい。「想像」と「創造」の意味と，そこで何が起きているのかを。「想像」を構成する要素は複数あるが，最も肝要なのは異なるものの中に共通の構造を見出すことだ。だとすると，「協力」はどこに介在するのか。実は「想像」の核心部分は常に個人的だ。しかし，異なる知識群の中に共通項を見出すにはそれぞれへのある程度の精通が必要だ。ところが，複数の知識群の全てに誰よりも精通した人物などそうはいない。そこである部分に精通したものと他の部分に精通したものの「協力」の必要性が生じる。時としてそこに見解の相違や，簡単には共通項や突破口が見出せないという難局が訪れ，乗り越えるための「レジリエンス」が必要となる。そして，この「想像」を実際の問題解決に適用し，具現化するプロセスが「創造」ならば，乗り越えなければならない課題のシミュレーションが求められる。何に問題意識を感じるかの個人差がここでまた「協力」として生きてくるし，実現への「細部のツメ」は「文殊の知恵」的に多くの目でチェックしたい。そして，教科学習の内容は結びつけられる対象としての個々の知識群として機能し（いわゆる「学力」），もちろん，新たにその問題のために調べた内容が絡んでもよい。

　ざっと考えてもこんなプロセスが想起しうる。「往還」や「サイクル」等の便利な言葉でごまかさず，個々の「そうぞう」場面のどの部分にどんな「力」が必要なのかをさらに具に詳らかにしていかなければ，この研究は完結しないだろう。

近未来の先を行く

峯　明秀（大阪教育大学教授）

　「子どもが主役になる次世代の学び～BYOD社会に対応するスマートデバイスの効果的な教育的利用～」をテーマに，パナソニック教育財団から特別研究指定を受け，プログラミングや反転的な学習，遠隔授業など多様なICT機器の活用を提案したのが，平成28-29（2016-2017）年である。「学校教育の情報化の推進に関する法律」が2019年に出され，1人1台端末と，高速大容量の通信ネットワークを一体的に整備することで，特別な支援を必要とする子どもを含め，多様な子どもたちを誰1人取り残すことなく，公正に個別最適化され，資質・能力が一層確実に育成できる教育環境を実現する「GIGA（Global and Innovation Gateway for All）スクール構想」が進められている。その5年前に，文部科学省教育課程研究：新教科「未来そうぞう」と歩調を合わせて主体的・対話的で深い学びを進める実践を模索していたことになる。2020年の新型コロナウィルス禍における社会の中で，一早く対応できたのもICTを活用し，アクティブで創造性を育む実践研究に取り組んできた附属平野小学校の先見性である。

※ BYOD（Bring your own device）個人所有のデバイスを持ち込むこと。

http://www.pef.or.jp/school/grant/special-school/tairano/ 参照

3章
教科・領域編

国語科

文学を愉しむ子ども
～子どもの自発性を促すために必要な国語的空間の設定～

1 国語科における未来そうぞう

(1)めざす子ども像

国語科では，めざす子ども像を「主体的な表現者（＊1）」としている。今年度は「未来をそうぞうする子ども」を育むために，「文学を愉しむ子ども」というテーマで研究を進めていく。「楽しむ」は与えられたこと（物理的）に対して楽しく過ごすことであり，「愉しむ」は自分自身の気持ち，思いから感じ生まれるたのしい状態である。文学を表面的な楽しみだけでなく，内面的（情意的）な愉しみまで高めていきたいと考えている。「文学を愉しむ子」とは，「文学に対して，内面的な愉しみまで昇華した子」であるといえる。

(2)そうぞう的実践力を発揮している姿（主体的な表現者につながる姿）

本校国語科では，長きにわたり「主体的な表現者」の育成をめざしてきた。「主体的な表現者」とは，表現（言葉）に対して自分なりの意味づけ・価値づけを行っている姿である。これは，そうぞう的実践力を言語に絞って発揮されている姿と考える。

昨年度までは，説明するという言語活動に焦点をあてて研究を行い，その中で「材」や「場」の設定が重要であることがわかった。そして，「捉えなおし・練りなおし（＊2）」ができる国語科における学びのプロセスを考えた。

本年度は，上記に示した通り「文学を愉しむ子」をテーマに進めていく。文学は，想像する活動が多く，情意面を育てることに適している。「文学を愉しむ子ども」の育成には，文学から受け取ったイメージを言葉にし，自ら文学（物語）と自律的に関わっていくことが必要である。「説明する」活動では事実を正確に伝えることが重要である。一方，文学はそれぞれに解釈することが可能で，自分で様々なことを想像でき，自分の想像を膨らませやすい。そして，「愉しむ」ためには，子どもが物語に対して「どのように向き合うか」が重要となる。

本年度国語科において3つの実践力を発揮している姿は以下のように考える。

表1　主体的な表現者～文学を愉しむ子ども～

【そうぞう的実践力を発揮している姿】	
○言葉と真摯に向き合い，新たな意味・価値を見出そうとする姿	
【主体的実践力を発揮している姿】	【協働的実践力を発揮している姿】
○自身から作品（物語）に対して自律的に関わろうとする姿	○学級内にとどまらない多様な集団の中で，相手の立場になって言葉で表現しようとする姿

❷ そうぞう的実践力を発揮させる（主体的な表現者になる）ための手立て

　そうぞう的実践力を発揮する姿が見られるための手立てとして，「国語的空間（＊3）を設定し，子どもの想像力が豊かになる」ことをめざす。具体的な取り組みの1つとして，「読みの方法」などを活用した研究例を示す。

　「読みの方法」について：「読みの方法」とは，次のように考え活用している。

〈読みの方法〉

　「表現のしくみ（＊4）」をより意識するために，「役割読み・演じる・人物関係図を書く」など，文学を読む上での方法を整理したものである。

　多様にある「読みの方法」を子どもが学ぶことにより，文学と触れる際にどのように読めばよいかの「選択」を行うことができるようになる。そして，自ら選択を行うことにより，子どもは主体性を持って文学に取り組み，愉しみが広がると考える。

　また，「読みの方法」などを意匠化したマークの作成も行っていく。実際にマーク化することにより，言葉だけで理解しにくい子どももどんなことをすればよいかを理解しやすくなり，自分で「選択」を行うことができると考えられる。

＊1 「**主体的な表現者**」…自己の思いや考えを自己の内外に向かって表す時，より的確にかつ効果的に伝えるために自らの表現を自らが意図的に選択・工夫でき，用いた表現の効果を考えながら吟味・運用し，その表現（言葉）に対して意味や価値を見出せる表現者のこと。

＊2 「**捉えなおし・練りなおし**」…捉えなおしとは，事物に対して他者との関わりなどを通すことによって既存の知識や経験から捉えた見方・考え方等を再認識（変容・確立）すること。練りなおしとは，事物に対して捉えなおしたことを，自身の言葉で再構成すること。

＊3 「**国語的空間**」…教師が適切な場の設定を行い，それをもとにして子ども自身が国語に没頭できる場所を広げていく様。学びの蓄積をふりかえることのできる空間などの外面的要素や，言葉によるものの見方や捉え方が変容する空間などの内面的要素，等を含む空間がある。

＊4 「**表現のしくみ**」…描かれる虚構世界，表現世界を支える，表現技法，文章の構造，表現態度全般をさすもの。文章を学習材として扱う場合の観点となり，それらから読み手がどのような作用を受けるのかを意識することが，「読むこと」の力となる。

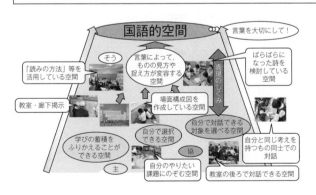

国語科　全体構想図

意匠化したマークの一例

【引用文献】大阪教育大学附属平野小学校（2006年度）「大阪教育大学附属平野小学校研究紀要国語科教科論」

事例1

第3学年

日詩を綴ろう！
～自分の思ひを詠む～

1 単元について

(1)単元の内容

　本単元では，大きく２つの活動を行う。１つは［ⅰ常時活動］として，毎日詩を書く活動（日詩）を行い，自分の詩を表現する空間（語りの空間）を設定する。もう１つの［ⅱ通常授業］では，「色と音数」について学習を行うプログラムを活用しつつ，日々の詩を捉えなおしたり，練りなおしたりする活動を行う。以上のような２つの活動を通して単元を進めていく。

　［ⅰ常時活動］では，毎日詩を書き，その詩を蓄積していくことを行いつつ，自分の詩を発表する空間を設定する。毎日の日記を書くことと同様に日々詩を書き綴ることにより，書き方が洗練されたり，日々の日常の見方が変わったりと様々な効果がある。日詩はモジュールの時間を活かして行っていく。一方で自らの思いを的確に表現することは難しい。そこで，［ⅱ通常授業］では，「色と音数」についてのプログラムを活用して想像を膨らませやすくするための手立てを用意していく。例えば普段見ている景色も「色」に着目して見てみると違った見方ができ，表現も変わっていく。このような活動を通して，自分の表現の幅を広げていくようにする。

　日詩を書く活動やプログラムを通して，日々蓄積した財産をもとに，自分との違いや他者が書いた詩への思いなどを感じ，言葉を綴ることの意味・価値を捉えなおしたり，練りなおしたりすることが可能となる。

(2)単元の目標

学習指導要領の資質・能力		そうぞう的実践力が発揮される姿
知識及び技能	反復や例え，色や情景など表現の工夫に気づくことができる。	自分の考えや他者の意見を通して，言葉（詩）に対して多角的に捉え，自身の言葉（詩）の新たな意味・価値を見出すことができる。
思考力，判断力，表現力等	国語的プログラムや自身の書いた詩を比較するなどの活動を通して，相手や目的を意識して，感じたことや想像したことなどを詩で書くことができる。（書く）	
学びに向かう力，人間性等	これまでの学びや詩を書き続ける経験を活かして，言葉で表現するよさを感じることができる。	

(3)未来をそうぞうする子どもを育成するために

　毎日詩を書く（日詩），プログラムを行う，表現活動を行う（語り）等の国語的空間を設定することにより，よりよい詩の見方・考え方を追究でき，そうぞう的実践力を発揮することができる。

2 授業の実際

目標　○色や音数のプログラムや他者との交流を通して，感じたことや想像したことや表現などを捉えなおし，自身の詩を練り直す（見なおす・書き直す）ことができる。（書くこと）

【思考力，判断力，表現力等】

○他者と交流して自身の詩を見直すことによって，新たな意味や価値を見出すことができる。

【そうぞう的実践力】

	子どもの姿	教師の役割
導入	**1．前時までに行った活動の復習** 毎日詩を書いて自分の思いを表現しているよ。　色や音数を使って書くと，自分の思いが書きやすいな。	前時までに行ったことを確認させる。時間があれば日詩からいくつか発表してもらう。
展開	**みんなの日詩を鑑賞しよう！** **2．日詩の鑑賞** 　(1)友だちの書いた日詩を鑑賞する。 ○○さんの詩は「色」の表現がたくさんあるな。　空がにぎやかな様子が伝わってくるな。 　(2)鑑賞した日詩のよかったところを交流する。 わたしはあまりよくないと思っていたけど，友だちに「イメージがふくらむ」と言われて，うれしいな。	鑑賞する時には，「誰の何番の詩のどこがよかったか」をワークシートに記入するようにさせる。 友だちのよかったところをホワイトボードにまとめ，黒板に掲示する。 友だちの意見を聞いて，自分の詩のよさをまとめる。
終末	**3．まとめ** 　(1)交流することによって，新しく気づいた自分の詩の新たな意味や価値をまとめる。 　(2)明日以降に書く日詩に活かせることを確認する。	○交流した内容をもとに，明日からも日詩を書いていく。

3 実践のためのポイント

○各個人の机上に日詩を置いて「詩の美術館」に見立てて鑑賞することにより，描かれている詩の世界により入り込みやすくなる。

○日詩のよいところを見つけて交流することにより，自分では気づかなかったことに気づけ，自分の日詩に対して新しい意味や価値を見出すことができるようになる。

事例2

第4学年

詩でリフォーム
～言葉による空間の彩り～

1 単元について

(1)単元の内容

　本単元では，まず，詩を読むことの意味や価値について考えさせる。詩を読んだ経験が少ない子どもたちにとっては，すぐに詩の価値について思い浮かべ，実感できるものではない。そこで，まず，お気に入りの詩集を作る活動を通して色々な詩に出会わせていった。自分のテーマを決めて詩を読み比べることができたり，それぞれの詩人の作品の特徴やものの見方などに気づいたりできるようにした。次に，自分たちの生活の中に取り入れたり，生かしたりできないかということについて考え，詩を飾る活動へとつなげていった。詩を飾るとなると，飾る詩と飾る場所について考える必要が出てくる。場所の持つイメージを膨らませて日常を捉え，相手意識や目的意識を持って詩を読んだり，書いたりできると考えた。

(2)単元の目標

学習指導要領の資質・能力		そうぞう的実践力が発揮される姿
知識及び技能	言葉には性質や役割による語句のまとまりがあることを理解し，語彙を豊かにすることができる。	自分の生活世界と詩の作品世界を結びつけることによって生まれる意味や価値を見出そうとすることができる。
思考力，判断力，表現力等	相手や目的を意識した表現になっているか確かめ，作品を選んだり，書き直したりできる。（書くエ） 作品を読んで感じたことや考えたことを共有し，一人ひとりの感じ方などに違いがあることに気づくことができる。（読むカ）	
学びに向かう力，人間性等	表現のしくみの効果に着目して詩を読んだり書いたりし，自分の生活と関わらせて読み味わおうとすることができる。	

(3)未来をそうぞうする子どもを育成するために

　○文学を生活に用いるという国語的空間を設定することで，文学作品の意味や価値を見出し，日常のものの見方を深めるそうぞう的実践力へとつながる

　詩を飾るという活動を通すことで，詩を場所に重ね，自分に引きつけて具体的に捉えることができた時，自分にとっての詩の意味が見出せるのではないだろうか。さらには，何となく過ごしていた身の回りの日常空間が言葉によって豊かな空間に見えたり，想像を巡らすことができたり，意味ある空間として浮かび上がってきたりする。そのような体験がそうぞう的実践力の発揮された姿であると考えた。

　また，自分の日常生活の場所を想像して詩を書いたり，見てほしい人のことや伝えたいことを意識したりすることで創作意欲にもつながると考えた。

2 授業の実際

目標 ○自分の生活世界と詩の作品世界とを結びつけることによって生まれる意味や価値を見出そうとすることができる。

【そうぞう的実践力】

	子どもの姿	教師の役割
導入	**1．これまでの学習をふりかえり，本時の学習の見通しを持つ。** 読んだ人が，その意味について深く考えられるものがいいな。　学校の生活が思い浮かぶ詩がいいな。	これまでの学習やみんなが選んだ（書いた）詩を読む際に考えた視点をふりかえらせ，詩と飾る場所を組み合わせるという方法で詩を読むということを意識づける。
展開	**2．本時のめあてを確認し，詩に込められた意味を考える。** 「詩 × 学校」見える世界は変わるかな。 (1)飾る場所がわからない詩に対して考えを交流し，詩の世界や意味を考える。 卒業する6年生に対して感謝を伝えたい詩かな。場所は体育館かな。　乱雑にしまわれていた本の視点で書いた。整理されると見えるように飾りたい。 (2)誰に向けたメッセージかを考えたり，自分たちの日常世界と結びつけて考えたりする。 校門に立って見守って下さっている警備員さんへの感謝の気持ちを表せる。　自分たちもあいさつをしようという気持ちになる。心が明るくなる。	作った（選んだ）詩は，学校のどこに飾るのかを伏せた状態（創作の場合は作者名も）で提示することで想像できる余地を広げる。  その詩が飾られることで日常の捉え方がどう変わると思うか，詩に込められた意味などについて考えを交流させる。
終末	**3．詩を飾るという活動をふりかえる。** 1つの言葉で勇気が出たり，よかったなって思ったりする。悲しい詩もあれば，うれしい詩もある。詩で感情が高まっていくと思う。	詩を自分たちの生活に生かすことのよさを感じられるようにする。 

3 実践のためのポイント

○本実践では，飾る詩を詩人のものか自分の創作かを選択できるようにした。飾る詩を詩人の詩に限定して取り組むことで，詩への見方の変化に対して重点を置いた授業を，自分の創作に限定することで，創作の意欲を高め，場所に対する見方の変化を促すことに重点を置いた授業を構想することができる。

事例3

第5学年

想いをつむぐ未来への詩―LIFE 生きる―
〜名作家の生き方にふれて〜

1 単元について

(1)単元の内容

　本実践は，国語科を中心として未来そうぞう科や他の教科を横断的に組み立てた単元である。複数の作家の詩を通して名作家の生き方に触れた後，これまでの学びを活かして，自分たちで未来への想いをつむぐ詩をつくる。さらには本単元で作成した詩に音楽科で旋律をつけて歌にし，最終的には卒業式で6年生に贈る未来に向けての歌として完成させていく。

　本単元では，詩を題材として，短い言葉であっても，それぞれの「言葉」には作者の生き方や人生が反映されている点に注目した。本学年では，未来そうぞう科A領域「LIFE」にて，4月に保護者をゲストティーチャーとして招き，自分の人生について語っていただき，自分自身の未来について多角的・多面的に捉える経験をしている。この学びを国語科の学習にもつなげ，ただ作品のよさにのみではなく，その作品の背景となる作者の生き方や人生まで迫ることで，作者がなぜその言葉に意味や価値を見出したのか，改めて言葉と向き合い，多角的・多面的に捉え，1つ1つの言葉に新たな意味や価値を見出すことができると考えた。そこで，作者の人生に触れられる場を設定し，教室の中に作者の生き方に触れながら改めて言葉と向き合える国語的空間を創り出すしかけを設定した。同時に自分も「詩づくり」に挑戦することで，言葉自体に新たに意味や価値を見出し，国語科においてもそうぞう的実践力が発揮されると考えた。

(2)単元の目標

学習指導要領の資質・能力		そうぞう的実践力が発揮される姿
知識及び技能	比喩や反復などの表現の工夫に気づくことができる。	作家の生き方を通して，詩や言葉に対して多角的・多面的に捉え，新たな意味や価値を見出して未来への詩をつくることができる。
思考力，判断力，表現力等	・詩を読んで全体像を具体的に想像し，表現の効果を考え，人と共有することで，自分の考えを広げることができる。(読むこと) ・意図に応じて書くことを選び，集めた材料を分類したり関係づけたりして伝えたいことを明確にして詩を書き，そのよさを見つけることができる。(書くこと)	
学びに向かう力，人間性等	これまでの学びや経験を生かし詩や言葉と自律的に向き合い続けることができる。	

(3)未来をそうぞうする子どもを育成するために

　○教科横断的な単元設定と国語的空間の設定

　ただ国語科の授業として詩を分析したり創作したりのみではなく，未来そうぞう科と横断させ，この言葉を紡ぎ出した背景となる作者の生き方にまで迫り，詩を分析したり，自らが詩の創作を行ったりすることで，周りの物事や言葉自体に新たな意味や価値を見出すことができ，国語科でねらう資質・能力を育むのみではなく，そうぞう的実践力を発揮する姿にもつながる。

2 授業の実際

●本単元は，年間を通しての教科横断的構成が重要なため，単元全体の流れを示します。

未来そうぞう科

国語科

社会科

算数科

理科

図画工作科

家庭科

体育科

道徳科

外国語活動・外国語

	子どもの姿（①～⑨授業時間数）	教師の役割
第一次	①未来そうぞう科で「生きる」をテーマに書いた詩を使い，詩への関心を語り合い，学習計画を立てる。 ぼくは，相田みつをさんの詩が好きだな。憧れているんだ。／友だちがどんな詩を書いたのか，それも読んでみたいな	子ども自身の学びの必然性を引き出すために，他教科とのつながりを生かして導入を進めていく。
第二次	②③詩「雨にも負けず」と出会い，宮沢賢治さんの生き方や人生について知り，考えたことを交流する。 ④30編のたくさんの詩を読み，その中から自分が選んだベスト3を交流する。 ⑤自分が選んだ詩の作家（A，B，C）について，他作品や原本から，作家の生き方について想像を広げる。 Aさんはどの詩も語りかけているな。親しみやすい。／Cさんの言葉は心に響いて納得できる。なんだか歌みたい。 ⑥B（星野富弘さん）について，他作品やDVDで生き方に触れ，考えたことを交流する。 ⑦A（北川貴康さん）C（風見穏香さん）に実際に出会い，その生き方に触れる中で「生きる」について考える。 「生きる」って神様からの宿題だと思う。 1人では何もできないから支え合って生きている。 	3名の作者（A，B，C）の作品を，作者名は伏せてランダムに並べて子ども自身が一番惹かれた作品を選ぶことで，作家への興味が高まるようにする。 子どもの学びの足跡を掲示して共有できるようにしておく。  サプライズで実際に作家に直接会う機会を設定することで，子どもたちの想像がより広がり，直接語り合うことで，次の詩を書く意欲にもつながるようにする。
第三次	⑧⑨これまでの学びを生かし，自分自身も作家になって詩を創作し，それぞれの詩のよさを交流し，「生きる」について考える。（本時） 今改めて書いてみて，自分自身の「生きる」に込めた思い入れが全然違う。 	完成した詩を交流する際，名前は伏せて番号表示し，最初に書いた詩と，今回書いた詩を，ビフォーアフターの形で提示して，それぞれ詩の変容に着目できるようなしかけを行う。

3 実践のためのポイント

○本単元のみでなく1年間を通して教科横断的に学習を進めていくことで，子ども自身の学びの必然性を高めていくことが重要である。また，自らが興味を持って作家本人や作品など「本物」の言葉や人と出会うことが，言葉に新たな意味や価値を見出すことにつながる。

社会科

2 社会的事象をもとに考えを深め合いながら未来をそうぞうする子ども

1 社会科における未来そうぞう

(1)めざす子ども像

本校，社会科のめざす子ども像は「社会的事象をもとに考えを深め合いながら未来をそうぞうする子ども」である。

昨年度まで価値判断・意思決定する子どもを育てるテーマのもと，子どもたちが問題解決に迫られた場面で，過去・現在・未来から，社会生活においてよりよい未来の答えを考え，追究していく姿が見られた。しかし，子どもたちが他者の意見を踏まえ，自分の考えを深めていくことが不充分であることが課題として挙げられる。そこで，本年度は，対話を重視した学習展開から，社会的事象への考えを深め合いながら問題を追究していく子どもの育成をめざして研究を進める。

社会科の探求の過程の中で「現状から解決・改善すべき問題は何か」と社会に対して疑問や問題意識を持ち，「自分はどのように関わっていったらいいのか」と問題の解決策や今後の関わり方を人・もの・ことにアプローチしながら，多面的・多角的に考えることが未来そうぞう科の協働的実践力を高め，そうぞう的実践力の発揮につながると考える。

(2)3つの実践力との関連

社会科は，社会的な見方・考え方を働かせて単元を構成し，課題把握，課題追究，課題解決，新たな課題を見出す，という学習過程が重要である。このことは未来そうぞう科においての主体的実践力と協働的実践力を往還させながらそうぞう的実践力を育てていく姿と重なり合うと考える。そこで，社会科で未来そうぞう科の資質・能力を発揮する姿を以下の表1にまとめた。

表1　社会的事象をもとに考えを深め合いながら未来をそうぞうする子ども

【そうぞう的実践力を発揮している姿】	
○社会的事象について協働しながら多面的・多角的に調べ，考えたことをもとによりよい未来や社会のあり方を表現・実践する姿	
【主体的実践力を発揮している姿】	【協働的実践力を発揮している姿】
○社会的事象に対して見通しを持って，進んで調べたり，考えたりしながら，自分なりに学びを広げたり深めたりし続ける姿	○それぞれが自力解決して出した答えをもとに，様々な集団の中で対話を通して，協働し，社会的事象について多面的・多角的な思考をする姿

2 そうぞう的実践力を発揮させるための手立て

⑴対話を通した学びの過程を重視した授業づくり

本校社会科において，「社会的事象の事実や認識を根拠にしながら話し合うこと」「社会的事象の問題を多面的・多角的に話し合いながら分析し，その解決策などを表現し合い思考を深めること」を対話として考えている。

そして，対話の場面を自己内対話と自己外対話と定義し，学習過程の中で重点的に組み込むことで，協働的実践力を発揮していく。自己内対話は，教材や資料をもとに，自分と自分との対話をしながら思考するものと捉えている。また，自己外対話で自分と友だち，教師，地域の人やゲストティーチャー，教材・資料との対話は知識や情報を蓄積することから，そこから新たに再考することと捉えている。自己外対話と自己内対話を繰り返しながら，「始めは○○と考えていたが今は考えが変わった」「○○という考え方や立場があるんだね，それには賛成だね」など，対話を通して多面的・多角的に思考し，考えを深めるようにする。

⑵様々な立場を考えて，価値判断・意思決定する場を工夫する

資料をもとに様々な立場から価値判断・意思決定する場面を学習過程の中で取り入れていく。「どうしたらよいか」「どうあるべきか」「AかB，どちらがよいか」など，社会問題に対して選択・判断できる場を設定することで，よりよい未来や社会のあり方を追究できるようにする。

⑶子どもたちが考えを深め，共有化しやすい板書の工夫

話し合いによる対話は内容が広がり，深まっていくと，それらを整理しながら考えをまとめる必要がある。意見を全体共有する場では，子どもたちは「今話していること」「過去に話していたこと」「次の考えを発想すること」と同時に思考を巡らせながら学習を進めている。そこで教師は，発言をわかりやすくまとめたり，比較・分類・総合・関連づけたりしながら，板書を構造化しながら，対話が深まるよう指導していく。

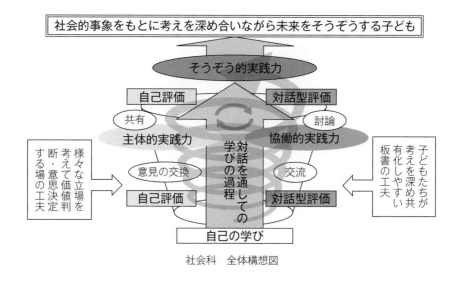

社会科　全体構想図

事例1

第 **3** **学年** **大阪市のようすのうつりかわり**

〜大阪市の歴史と進歩，そして未来〜

1 単元について

(1)単元の内容

本単元は，生活の道具や公共施設，土地利用，人口，交通などの時代（時期）による違いに着目して，大阪市や人びとの生活の様子を捉え，それらの変化を考え表現することを目標としている。本時では，人びとの生活をよりよくしていくためにはどうすればよいかについて，「交通」「公共施設」「イベント」の視点で考えていく。それらを考えることで，これまでそれらが人びとに与えた影響への理解を深め，未来の大阪市について考える機会となる。まずは個人で考えた後グループ交流の時間を設け，出た考の中からよりよいものを3つ選ぶようにする。そうすることで，どの考えがよりよいか対話しながら，根拠を明らかにし，価値判断・意思決定できるようにする。

(2)単元の目標

学習指導要領の資質・能力		そうぞう的実践力が発揮される姿
知識及び技能	生活の道具や公共施設，土地利用，人口，交通などの変化を捉え，大阪市の人びとの生活の様子は，時間経過に伴い，移り変わってきたことを理解することができる。	大阪市の様子の移り変わりについて，学習したことをもとに，人びとのくらしをさらによくしていくためにはどうすればよいかについて，対話をしながら，新たな考えを導き出し，表現したり，実生活に活かそうとしたりすることができる。
思考力，判断力，表現力等	学習したことをもとに，人びとのくらしがさらによくなっていくために，未来の大阪市はどうなっていけばよいかについて考え，その理由とともに文章で記述したり，話し合ったりできる。	
学びに向かう力，人間性等	大阪市の発展を願い，市民の1人として努力や協力できることを考えようとすることができる。	

(3)未来をそうぞうする子どもを育成するために

○未来に向けて価値判断・意思決定する場の設定を工夫することで，そうぞう的実践力を発揮することができる

人びとの生活をよりよくしていくためにはどうすればよいかについて，「交通」「施設」の視点で考え，グループ交流で出た考えの中からよりよいものを1つ選ぶという活動の場を設定することで，根拠を明らかにしながら価値判断・意思決定することができる。

2 授業の実際

目標　○大阪市の様子の移り変わりについて，学習したことをもとに，人びとのくらしをさらによくしていくためにはどうすればよいかについて対話し，友だちの考えを評価したり，受け入れたり，新たな考えを導き出したりすることができる。【そうぞう的実践力】

	子どもの姿	教師の役割
導入	**1．2025年の大阪万博について話し合う。** みんなが楽しい万博にしたいな。／世界中からいろんな人が来てくれるといいな。	1970年の大阪万博に向けて交通を整えたことを想起し，どんな準備をしていくのかについて考えたいという意欲を持つようにする。
展開	**2．本時の問いを立てる。** 2025年の大阪万博に向けてどんな準備をすればよいか。	万博に来る人のことを考え，「交通」，「施設」をどうしていけばよいかを考えていく。
	3．万博に向けてどんな準備をすればよいか考える。 夢洲にたくさんの人が行けるように電車を作るべきじゃないかな？／空港までの高速バスをたくさん作るといいんじゃないかな。	机間指導を行い，困っている子どもには，どのような人に来てほしいかに着目させ，その人たちがどのようにすれば気持ちよく過ごせるのかを考えられるようにする。
	4．グループの中でよりよい考えを1つ選び，発表する。 ○○さんが言ったように交通に力を入れると会場にも行きやすいね。／確かにこれから外国の人がたくさん来るから，そのことは考えていかないといけないね。 	考えの中から，グループでよりよいものを1つに絞り込むことで，根拠を明らかにしながら，価値判断・意思決定できるようにする。
		全体で立ちながら意見交流をする。価値判断・意思決定した後，討論をしながら学びを深める。
終末	**5．本時の学習をふりかえる。** 万博に向けて交通や施設を準備すると，大阪市の人たちにもいいことがあるね。／自分たちが住むところの未来について，これからも考えていきたいな！	発表したものの中から，最終的にどれがよいかを根拠を明確にして書くようにする。

3 実践のためのポイント

○2025年の大阪万博を開催するにあたり，どんな準備をすればよいか考えたものを出し合い，グループで1つに絞るという活動を設定することで，対話が生まれ，根拠を示しながら何がよいかについて話し合うことにつながり，価値判断・意思決定していくのに有効であった。

事例2

第4学年　AI・IoT と伝統工業

『わたしたちの大阪下』（日本文教出版）

1 単元について

(1)単元の内容

　子どもたちは，「大阪府の特色ある地域～ぶどうづくりのさかんな柏原市～」の単元ではぶどうづくりに関わる様々な取り組みを主体的に調べたり，柏原市で実際にぶどう狩りを体験したりするなど，学習への関心を高めながら進めることができた。しかし，農家がどのようなことに苦労，問題意識を感じているのか多面的・多角的に考えることができていない課題があった。

　そこで，堺市の400年以上も前から受け継がれている技術や技法から作られる包丁づくりを通して，大阪府の産業のよさや工夫，問題点を多面的・多角的に学べるような単元を構成し，これからの未来を踏まえ，最新技術の AI・IoT の活用方法と絡めながら考えられるようにする。

(2)単元の目標

	学習指導要領の資質・能力	そうぞう的実践力が発揮される姿
知識及び技能	・体験活動や ICT，映像資料，文書資料を使って，その意味を調べることができる。 ・包丁づくりが400年前からの歴史であること，高度な技法・技術がいること，それらを守り引き継いでいく取り組みがあることを理解することができる。	堺市の包丁づくりについて，見通しを持って進んで調べ，友だちの意見と比較，関連づけながら，自分なりに学びを広げたり，深めたりして，これからの堺打刃物，大阪の産業のあり方を考えようとすることができる。
思考力，判断力，表現力等	包丁づくりをしている職人やそれに関わる人々に対する工夫やねがいを考え，これからの伝統工業のあり方について，価値判断・意思決定することができる。	
学びに向かう力，人間性等	堺市の包丁づくりについて，見通しを持って進んで調べ，自分なりに学びを広げたり，深めたりしながら，関心を高めることができる。	

(3)未来をそうぞうする子どもを育成するために

　○対話を通した学びの過程を重視することによって，協働的実践力を発揮することができる

　本単元では対話を通した学びを重視する授業づくりを組み込むことで，協働的実践力を発揮させる。特に課題解決場面の本時では学級全体の中で，事前に学習した包丁づくりの過程や AI・IoT の活用方法，ゲストティーチャーとの学習をもとに多面的・多角的に社会的事象に向き合うような場を設定し，対話を深めることで協働的実践力の発揮につなげられるようにする。

　○未来に向けて価値判断・意思決定することでそうぞう的実践力を発揮することができる

　伝統的工芸品・堺打刃物のよさや技法，受け継ぐ人たちなど様々な視点からどうすれば大阪府の特色ある地域の歴史を未来へつなげられるか，価値判断・意思決定しながら，新しい意味や価値，可能性を見出すことでそうぞう的実践力が発揮される。

2 授業の実際

目標　○包丁づくりをする職人や販売者の工夫・苦労から AI・IoT などの新しい技術が伝統
工業にどのように活用できるのかを考え，人ともの(最新技術を生かした媒体)がどう
あるべきか，ということを価値判断・意思決定することができる。　【そうぞう的実践力】

	子どもの姿	教師の役割
導入	**1．前時で学んだこと（AI・IoT の活用事例）を想起して話し合う。** AI と人の関係はどうあるべきだろう。 ／ AI・IoT は便利だけど，欠点もあると思う。	ふりかえりの記述を座席表にまとめたものを配布し，前時の学びを確認する。
展開	**2．本時のめあての確認** **AI・IoT は伝統工業にどのように活用できるだろうか。** (1)堺打刃物の職人・販売者の工夫・苦労などの思いを考える。 型断ちでは，そりやゆがみを修正することが難しい。 ／ 販売では，外国人の購入者が多い。 (2)伝統工業に最新の技術（AI・IoT）をどのように活用するか，考える。 刃金つけでは，800度の高熱を使うので，自動車製造のアームを使えば安全。 ／ 販売では，AI に包丁の詳しい説明や，外国語での説明を任せる。 (3)堺打刃物の未来に AI・IoT の活用は賛成か，反対かを，選択・判断する。 	導入の話し合いから自分や他者の学びを様々な視点から評価し，問題意識を高められるように助言する。 包丁づくりや販売の過程でどのようなことに工夫・苦労をしているか，グループで対話をすることで多面的に捉えられるようにする。 全体共有する際に，どのような過程でどんな活用方法が有効か，作業工程と AI・IoT の活用方法と関連づけて板書で整理する。 全体で立ちながら意見交流をする。価値判断・意思決定した後，討論をしながら学びを深める。
終末	**3．ふりかえりをする。** 職人さんはものづくりのこだわりがあった。人が引き継ぐことは大切。 ／ 昔からの技法を AI が行い，引き継ぐという可能性もあると思う。	問いが次時へつながるように，本時で学んだことを活かしながら，ふりかえれるよう助言する。

3 実践のためのポイント

○大阪の伝統工業，地場産業から未来の産業や職業観について学びを深めるため，対話を通した学びの過程を重視することよって，友だち，教師，ゲストティーチャー，資料から，協働的に知識の蓄積をしたり，思考力を向上させたりする指導が有効的であった。また，未来に向けて子どもの思考を組み込みながら価値判断・意思決定する学習展開も有効的であった。

3 算数に感じ，未来をそうぞうする子ども
～自ら「捉えなおし」することで発揮するそうぞう的実践力～

1 算数科における未来そうぞう

(1)めざす子ども像

算数の学習は，系統性が特徴的である。子どもが既有の見方・考え方をもとに対象に関わり，統合的・発展的に考えることで，新たな見方・考え方へと変容・確立させていくことを繰り返し経験する。生活場面や学習場面で算数に感じ，友だちと考え合う過程で算数のよさを感じ，新たな学びを創り続ける姿を，算数における未来そうぞうであると考える。

学習における「算数に感じ，未来をそうぞうする子ども」とは，次のような姿である。問題に対して算数に感じ，問題意識を持って，主体的に解決にあたる姿。既習事項を活用し，気づきを共有しながら考えを進める姿〈主体的実践力〉。自分の考えを相手に伝えるために，図や表，式などを用いてわかりやすく表現しようとする姿。解決に有効だった友だちの考えに影響を受けて自己の見方・考え方を変容・確立（「捉えなおし」）し，さらに，統合的・発展的に考える姿〈協働的実践力〉。そして，自ら「捉えなおし」，新たな見方・考え方を働かせ，日常や算数の場面にアプローチし続ける姿〈そうぞう的実践力〉である。

問題解決型の学習に「捉えなおし」を位置づけ，6年間の算数の学習で段階的に，算数科におけるそうぞう的実践力を発揮する姿をめざす。

2 そうぞう的実践力を発揮させるための手立て

めざす子どもの姿の実現のためには，①場の設定，②言葉がけ・価値づけが大切である。

(1)場の設定

●試行錯誤ができる場（解決方法が多様にある，条件によって多様な答えが出る）。

●自分の考えを友だちの考えと比較する場（ICTやホワイトボード，板書による視覚化）

●算数の学びを，次の学習や生活に活かす場（1時間，単元末，未来そうぞう科との関連）

●ふりかえる場

(2)言葉がけ・価値づけ

子どもの活動，発言，ノートの記述などにおいて，めざす姿が見られた時，価値づけを行う。子ども同士による言葉がけ・価値づけがなされるように働きかけることで，自ら「捉えなおし」できる子どもを育めると考える。

算数科における，3つの資質・能力に対する評価は，子どもたちの活動，交流中の姿や発言，ノートへの記述に対しての言葉がけ・価値づけによって行う。

めざす子どもの姿や発言と，教師の手立てについて，以下に具体例を挙げる。

〈主体的実践力　子どもの姿〉●算数に感じる「算数が使えそう」「試してみたい」

●見通し（自力解決の方向づけ）「きまりはあるのかな」「前の考えが使えそうだ」

●自力解決の方法（数，量，図，式，表，グラフなど）分類・整理「まとめると」帰納的「きまりはあるかな」演繹的「なぜ，いつでもそうかな」試行錯誤「よりよい方法はあるかな」

〈主体的実践力　教師の手立て〉▼既有の経験や試みを足場に，学習の動機づけ，情意面

　　▼意欲・算数のよさ，気づきのストック　▼算数の学びにつなげる，意識の焦点化

　　▼調べ，確かめる時間の確保　▼学習の方向づけ　▼数学的な考え方や処理の仕方を誘発する発問「なぜ」「どこに注目」「似てる所・違う所」「簡単にできるか」

〈協働的実践力　子どもの姿〉●類比，対比（見方を広げる）「そのやり方もいいね」

　（解決方法の吟味）「同じ（違う）ところは」「まとめると」「〜の考えの方がいいね」

　●ふりかえり，変容・確立する「自分のやり方のいいところは」

〈協働的実践力　教師の手立て〉▼自分の考えをもとに他者の考えを比較することで，よりよいものかメタ認知を図る姿につなげる　▼協調，対立，補完などのある対話　▼思考の視覚化（板書，ICT，ホワイトボード，名前カードの貼替えなど）　▼自分の意識や見方・考え方などの変容をふりかえらせる

〈そうぞう的実践力　子どもの姿〉●教科の本質へ向かう探求「他のきまりや方法は」「条件を変えると」「今までの問題はどうかな」適用範囲を広げる　「ここでも算数が使えそうだ」

〈そうぞう的実践力　教師の手立て〉▼よりよい方法を選択・判断させる学習を積み重ねる

　　▼算数を発展させて考える姿や，日常で算数を使う姿を価値づける

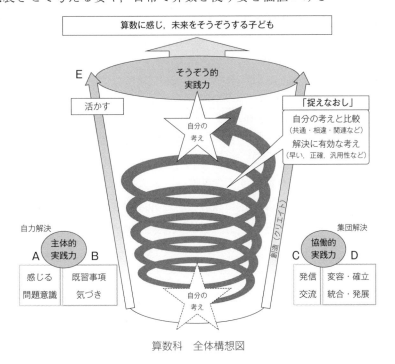

算数科　全体構想図

事例1

第**2**学年

すきすきたんていだん
〜アンケートから こころみよう〜

1 単元について

(1)単元の内容

　本単元は，未来そうぞう科 A 領域「すきすきまつり」の活動のサイクルに，算数科「表とグラフ」を位置づけた学習である。算数科としては，自分の身近な活動に対して，表とグラフの見方・考え方を活かして整理し，結果を考察する力を育む。また，アンケート結果（他者評価）を活かして，よりよく工夫し続ける姿は，未来そうぞう科におけるそうぞう的実践力を育むことにつながる。

　本時では，2 週目のサイクルでのアンケートを分析する。子どもたちは「前よりよくなったかな」「どう変わったかな」と変化に関心を持つため，前回と今回の2つのグラフを，必要感を持って比較する場が生まれる。比較することで「捉えなおし」，1つのグラフの見方（多い，少ない，差はいくつ）から，2つを比較する視点を獲得し「ここが増えた（減った）」など，変化を読み取ることができるようになると考える。また，アンケートの結果には，感想も含まれるので，数値とその理由を読み取ることで，よりよい「すきすきまつり」（3週目のサイクル）につなげられると考える。

(2)単元の目標

	学習指導要領の資質・能力		そうぞう的実践力が発揮される姿
知識及び技能	身の回りにある数量を分類・整理し，簡単な表やグラフを用いて表したり読み取ったりすることができる。	主体的実践力	2つの表の比較することで新たな見方・考え方（変化）を獲得し，さらに考え続けることができる。（算数科）
思考力，判断力，表現力等	データを整理する観点に着目し身の回りの事象について表やグラフを用いて考察することができる。		
学びに向かう力，人間性等	数量に進んで関わり，数学的に表現・処理したことをふりかえり，数理的な処理のよさに気づき生活や学習に活用しようとする態度を養うことができる。	協働的実践力	結果をもとに，よりよい活動に結びつけて考え続けることができる。（未来そうぞう科）

(3)未来をそうぞうする子どもを育成するために

○未来そうぞう科と関連した場の設定によって，そうぞう的実践力を発揮することができる

　未来そうぞう科の内容を扱うことで，算数の事象が自分事となり，1回目と2回目の結果を自然と比較する姿が生まれる。これが，表やグラフの見方・考え方を「捉えなおし」，算数科におけるそうぞう的実践力を発揮させる手立てとなる。また，結果から次の「すきすきまつり」をよりよくし続けることは，未来そうぞう科におけるそうぞう的実践力の発揮につながる。このように，2つの教科を互いにリンクさせ，そうぞう的実践力を発揮させる手立てとなる場の設定が大切であると考える。

❷ 授業の実際

目標 ○過去と現在の表を比較して自ら「捉えなおし」，変化を読み取ることができる。

【思考力，判断力，表現力等】

○アンケートをもとにふりかえり，次のよりよい活動を考え続けることができる。

【そうぞう的実践力】

	子どもの姿	教師の役割
導入	**1．問題と出合う。** **「すきすきは，伝わりましたか？」** ⑤25人→28人 3人ふえた うれしい☺ 前よりも伝わっているといいな。	2回目の「すきすきまつり」で改善したことをもとに，よくなったか知りたい，という情意面を引き出す。
展開	**2．問題解決を図る。** 表とグラフにまとめて，次のすきすきに生かそう。	表を作る目的や，作った後の見通しを確認し，取り組ませる。
	(1)自力解決 前より5の数が増えた（減った）から，よくなった（わるくなった）といえそうだ。 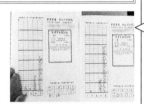	前の表を自ら取り出し，比較する姿を見つけ，行動を価値づける。どこに注目して比較したか問う。
	(2)集団解決 今回と前回の表と比べると，増えたり，減ったりしているね。　変わったところを見つけると，比べることができるんだ。	 比較する姿，変化に着目する姿を価値づける。
終末	**3．まとめとふりかえりを行う。** (1)まとめ：変わったところを見ると比べられる。	子どもの発言を記録した板書をもとに，比較，変化を見取ることに気づかせ，価値づける。
	友だちの考えを聞いてもう少し表を見比べてみよう。 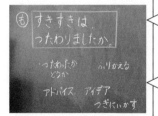 アンケートの数と，理由が大切だね。2をつけた人のコメントを読んでみよう。	数字とコメントを併せて見る姿を価値づけると，具体的な改善点を意識できる。

❸ 実践のためのポイント

○自分の発表（未来そうぞう科）と，アンケート結果の分析（算数）のサイクルによって，算数の事象を自分事として感じ，算数を生活場面に活かす姿が生まれる。

○前よりよくなりたい，という思いから，今回と前回の表を自然と比較する姿が生まれる。自ら比較しようとする姿を肯定的に受け止め，教師による価値づけを行う。

事例2

第3学年　かけ算の筆算⑵

『わくわく算数上』（啓林館）

1 単元について

⑴単元の内容

　第３学年において，かけ算の筆算では，かける数が２桁の時まで学習する。本時は，２位数×１位数や３位数×２位数の学習後に行う。既習事項をもとに，筆算を使ってかけられる数とかける数の関係について理解を深めていくのがねらいである。□□×□に連続する３つの数をどのように入れると，できるだけ大きな積になるのか予想し，確かめる。積を大きくするので，かけられる数の十の位を大きくするか，かける数の一の位を大きくするかで意見が分かれる。ここまでは，全体で共通理解した上で，一人ひとりが数値を自由に選択し，自力解決をしていく展開にする。その際，選んだ３つの数の中で一番小さい数が，その選んだ３つの数の一番大きい積と二番目の積の差になる気づきなどを共有し，それらの理由を話し合う過程で数の見方・考え方を自ら「捉えなおし」できる学習展開をねらいたい。

⑵単元の目標

学習指導要領の資質・能力		そうぞう的実践力が発揮される姿
知識及び技能	何十・何百×１位数の計算を筆算形式ができ，かけられる数・かける数の意味や関係を理解することができる。	かける数とかけられる数の関係を捉えなおし，数や場面を変えてさらに考え続けることができる。
思考力，判断力，表現力等	積の差と，選んだ３つの数との共通点に気づき，発展的・統合的に考えることができる。	
学びに向かう力，人間性等	見つけた共通点からきまりを見つけようとする態度を養うことができる。	

主体的実践力を発揮
A 算数に感じる
B 既習事項・気づき
協働的実践力を発揮
C 思考の発信
D 変容・確立

⑶未来をそうぞうする子どもを育成するために

○イメージ・クリエイトを具体化した学びのプロセス

　連続的なふりかえりの共有や，自由に比較できる場の設定によって，友だちの考え方や感じ方を知りたいと思い，自分の考え方や感じ方を捉えなおす協働的実践力が育まれる。一人一台iPadを使用しICT活用「ロイロノートの共有・比較」を自分の視点で自由に行える場の設定が，友だちの考え方を受け入れたり，自分の考え方と比べたり関連づけたりすることにつながる。

　○数を自由に選択できる題材の設定が，協働的実践力を育み，そうぞう的実践力を発揮する

　数を入れる場所を選択し，差のきまりの共通点の不思議さを感じる題材の設定によって，かけられる数とかける数の見方を捉えなおし，基準量のいくつ分というかけ算の考え方を，統合的・発展的に考え，そうぞう的実践力を発揮する。

未来そうぞう科

国語科

社会科

算数科

理科

図画工作科

家庭科

体育科

道徳科

外国語活動・外国語科

❷ 授業の実際

目標　○数を入れる位置によって大きさが変わる理由に面白さを感じ，さらに数や場面を変えて考え続けようとすることができる。

【そうぞう的実践力】

	子どもの姿	教師の役割
導入	**1．問題と出合う。** 連続する3つの数を当てはめるとどのようなことがわかるかな。　答えに決まりがありそう。 式は6通りありそうだな。	ホワイトボード等で，位置を動かすことのできるものに筆算形式を書くことで，きまりによって板書を構造化しやすくする。 
展開	**2．問題解決を図る。** □□×□に連続する数を入れて気づきを交流しよう。 (1)自力解決を行う。 答えの十の位が6か3か2になるね。　答えの大きい順に並べ替えると何かわかるかもしれないな。 (2)集団解決を行う。　発表した考え方を比較できるように構造的に板書する。 かけられる数を入れ替えた時の答えを比べると入れ替わっている。  数字を変えると見つけた決まりは，どうなるのかな。 (3)数字を変えて自力解決を行う。 数字を変えても，同じものもあるけど，くり上がりがあると変わってくることもあるね。	板書を手元で見られるように，写真で送る。また，「共有」機能を使って，子どもが自由に考えたことを「比較」できるようにする。   子どもの気づきを「かけられる数」や「かける数」，「答え」それぞれの関連を視覚化し，子どもの**「考えてみたい」**という情意面を**価値づける。**
終末	**3．学習をふりかえる。** 友だちの気づきから，かけられる数とかける数，答えの関係について考えることができたね。もっと考えたいな。	

❸ 実践のためのポイント

○子どもの気づきを価値づけるために，考える時間を十分に確保する。

○「答え」「かけられる数」「かける数」相互の関係に着目させるよう板書を構造化する。

事例3

第**5**学年 **正多角形とプログラミング**

1 単元について

(1)単元の内容

　本単元では，正多角形の意味や性質を理解するとともに円周と直径を相互に関係づけて考えることを目標とする。その目標の達成をめざしつつ，プログラムを試行錯誤してつくったり自他の考えを比較したりする活動を通してプログラミング的思考を育んでいくことを提案したい。

　本時では，Scratch を使ってコンピュータに正多角形を書かせるプログラムをつくる。コンピュータのよさは，試行錯誤をする道具として優れている点である。特に，本時の作図においては，プログラムの一部を変えることで色々な正多角を類推的に考えることから，正多角形の角度の違いが表にまとめられるなど，コンピュータを有効に活用する場が考えられる。

　本時の展開の中は，子ども達が自らの目的のためにコンピュータを用いて処理ができることに気づき，自らの思考過程を捉えなおす場面も設定したい。そうして，コンピュータ等のよさに気づき，活用していこうと考える姿をそうぞう的実践力を発揮する姿として提案したい。

(2)単元の目標

学習指導要領の資質・能力			そうぞう的実践力が発揮される姿
知識及び技能	正多角形の意味と性質を理解すること。また，円の直径と円周を相互に関係づけて求めることができる。	主体的実践力を発揮 A 算数に感じる・問題意識 B 既習事項・気づき	プログラムを実行した結果から，よりよい活動に結びつけて考え続けることができる。
思考力，判断力，表現力等	正多角形の作図の仕方について，正多角形の性質を活用して考えることができる。		自他の考えを比較することで新たな見方・考え方（アルゴリズム）を獲得し，さらに考え続けることができる。
学びに向かう力，人間性等	正多角形に関心を持ち，性質を調べようとしていること。また，円周と直径が依存関係にあることに関心をもち，調べようとすることができる。	協働的実践力を発揮 C 思考の発信 D 変容・確立	

(3)未来をそうぞうする子どもを育成するために

　○自他の考えを比較しながらプログラムを試行錯誤してつくることで，正多角形の作図場面でのコンピュータのよさに気づき，そうぞう的実践力を発揮することができる

　自分がつくったプログラム，あるいはバグを他者と交流し，修正するなど，協働しながら試行錯誤する場面を設定することで，よりよいプログラムへと自身の見方・考え方を「捉えなおす」ことができる。また，コンピュータを用いて作図することの有用性に気づくようにしていくことで，コンピュータを有効活用できる場面に気づき，算数科におけるそうぞう的実践力を発揮させる手立てとなる。

2 授業の実際

目標　○正多角形の辺の数と角度の関係を捉えなおすことができる。【思考力，判断力，表現力等】
　　　　○コンピュータのよさを活かして正多角形の作図について数を変えて考え続けることができる。

【そうぞう的実践力】

	子どもの姿	教師の役割
導入	**1．前時の学習内容を想起する。** 辺の長さが全て等しくなるようにコンパスを使ったよ。　円をかいて，決められた角度（60°）を使ったよ。	コンパスを用いて作図した前時から，**等しい長さ・決まった角度**，など重要なキーワードを引き出す。
展開	**2．正多角形をプログラミングを用いて作図する。** **プログラミングを使って正○角形を作図しよう。** (1)見通し・自力解決 「○歩動かす」が必要になるよ。　「○度回転する」も使うんじゃないかな。 「ずっと」の命令を使えば間違えにくいよ。　1つ1つプログラムを組むと時間がかかる。 (2)交流 僕は〜を並べてプログラムをつくったよ。だけど…。 	線をかく・はじめに戻すプログラムは前時までに学習しておく。本時では，復習として扱う。 どのような命令が必要になるか，**見通しを持たせてから**プログラムの作成を行う。 つくったプログラムを**他者と交流し，試行錯誤してよりよくしていく。** 
終末	**3．まとめ** **○角形なら，と考える。** 正六角形，正八角形など，正○角形の決まりがわかったぞ！ 	

3 実践のためのポイント

○本時でねらう内容に迫るため，基本的なプログラム（書く・元に戻す）は定着させておく必要がある。また，本時ではどのようなプログラムが必要になるか，見通しを持たせてから活動に入ること。

○めあてを「正○角形」として，六・八・九角形へ変化させていくことで，子どもたちは決まりを見つけ，他の正多角形にも意欲を持ち，プログラムのよさに気づくことができる。

4 豊かな自然観に基づき，未来をそうぞうする子ども
～未知なことに挑戦する探究型の授業～

① 理科における未来そうぞう

(1)めざす子ども像

　理科におけるめざす子ども像は『豊かな自然観に基づき，未来をそうぞうする子ども』である。過去３年間の研究において，理科と未来そうぞう科が共通して育む資質・能力として，３つの実践力を育むことをめざし，研究を進めてきた。しかし，その３つの実践力が構造化された今，教科において，発揮させる実践力を見直す必要がある。

　理科の特性として，子ども自身が事物・現象との出合い，問題を見出し，構想を持ち，解決していく。そして，活用場面において，未知なものに対して，これまで獲得してきた知識や技能を活用したり，新たな知識を用いたりして，諦めずに挑戦する子どもの姿を求めたい。そこで，「豊かな自然観に基づき，未来をそうぞうする子ども～未知なことに挑戦する探究型の授業～」をテーマに研究を進めていく。

　教科は2020年度より始まる学習指導要領に沿って従来通りつけたい力をねらい，学習を進めていくと同時に，６年間をかけて「そうぞう的実践力を発揮する姿」をめざし，実践に取り組む。理科においては『豊かな自然観に基づき，未来をそうぞうする子ども』を一昨年より表１に再定義し，「そうぞう的実践力を発揮している姿」を以下のように想定した。

表1　豊かな自然観に基づき，未来をそうぞうする子ども

【そうぞう的実践力を発揮している姿】	
○未知なものに対して，これまで獲得してきた知識や技能を活用したり，新たな知識を用いたりして，諦めずに挑戦する姿 ○実生活や社会に活かしたり，事象を捉えなおしたりする姿	
【主体的実践力を発揮している姿】	【協働的実践力を発揮している姿】
○身の回りの自然に関心を持ち，自ら進んで関わろうとする姿 ○課題に対して試行錯誤することで，問題を見出し，解決しようとする姿	○学び合いを通して，自分や他者の考えや実験結果から，差異点や共通点を見つけ，自分の考えを深めたり，広げたりして，科学的な根拠に基づきより妥当性のある考えへと変容させる姿

❷ そうぞう的実践力を発揮させるための手立て

(1)探究的な学習

　昨年度までの研究により，主体的実践力については，探究的な学習における導入場面や活用場面において発揮されやすい。つまり，理科の特性を活かすことで主体的実践力が高められると考える。さらに協働的実践力についても，解決したい問題を持つ子どもで班を編成したり，自分や他者の考えや実験結果を比較する場を設定したりすることで，発揮させることができる。このように主体的実践力や協働的実践力を両輪として発揮させ続けていく場を単元構成の中に設定することで，そうぞう的実践力を発揮する姿へとつながる。このサイクルを単元，学年，小学校４年間で

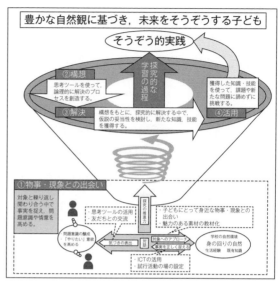

図1　理科　全体構想図

繰り返すことで，理科がそうぞう的実践力の育成の一端を担うことができると考える。図1は理科の全体構想図である。

(2)理科における評価

　単元において，2020年度より始まる学習指導要領の資質・能力を育成しつつ，学習を進めていくと同時に，３つの実践力を発揮させる場面を設定し，以下のような評価を行う。

３つの実践力	めざす子ども像	手立て	評価方法
主体的実践力	身の回りの自然に関心を持ち，自ら進んで関わる姿	・魅力ある素材の教材化 ・試行活動の場の設定 ・ＩＣＴの活用 ・思考ツール	子どもの活動の姿（ルーブリック）
	課題に対して試行錯誤することで，問題を見出し，解決しようとする姿		解決したい疑問の量，質
協働的実践力	学び合いを通して，自分や他者の考えや実験結果から，差異点や共通点を見つけ，自分の考えを深めたり，広げたりして，科学的な根拠に基づきより妥当性のある考えと変容させる姿	・共有ツールの活用 ・交流方法の工夫	共有ツール（黒板，ホワイトボード）の記述
そうぞう的実践力	実生活や社会に活かしたり，事象を捉えなおしたりする姿	・「ふりかえり」を実験方法へ活かす ・イメージ図の活用	「ふりかえり」の変容 ロイロノートへのeポートフォリオ
	未知なものに対して，これまで獲得してきた知識や技能を活用したり，新たな知識を用いたりして，諦めずに挑戦する姿	・活用場面の工夫 ・「ふりかえり」の充実 ・ゲストティーチャーの活用	対話型評価 eポートフォリオ

事例1

第4学年 ウマ（ヒメちゃん）の体のひみつ
〜ヒトとの相違点からさぐる〜

■ 単元について

(1)単元の内容

　ヒトは生活をしている中で，様々な運動をすることができる。しかし対象が自分であるために，教科書にあるような「体が曲げられるところはどんなところか」「どのようにして体を動かしているのか」といった問題を見出すことが難しい。子どもが動物の骨や筋肉の「つくり」と「働き」に着目し，自ら問題を見出すような場の設定が必要である。

　そこで学校で飼育しているミニチュアホースとヒトの「働き」の比較による導入場面，それぞれの体の「つくり」について迫っていく構想・解決場面，他の動物（ヘビ，キリン，チンパンジー，ペンギン，むかわ竜など）の「つくり」あるいは「働き」による特長から，それぞれを考える活用場面を設定していく。他の動物と比較しながら，「つくり」と「働き」の相違点を探ることで，ヒトから見た他の動物，他の動物から見たヒトという多角的・多面的な見方を働かせることにつながる。生き物の共通性と多様性の面白さに気づく子どもを育てたい。

(2)単元の目標

	学習指導要領の資質・能力	そうぞう的実践力が発揮される姿
知識及び技能	・ヒトやその他の動物の骨や筋肉のつくりと働きについて，理解することができる。 ・自分の体を触ったり，資料を活用したりして，ヒトや他の動物の関節や筋肉の様子について，記録することができる。	他の動物の特長について，ヒトやミニチュアホースの骨や筋肉の「つくり」あるいは「働き」を関係づけて，表現したり，説明したり，新たな動物の特長に問題を見出したりすることができる。
思考力，判断力，表現力等	ヒトや他の動物の骨や筋肉のつくりと働きに着目して，それらを関係づけて，予想や仮説を持ち，考察し自分の考えを表現することができる。	
学びに向かう力，人間性等	運動している時のヒトや他の動物の体の動きに興味・関心を持ち，進んで体の動きと骨や筋肉との関係を調べようとすることができる。	

(3)未来をそうぞうする子どもを育成するために

　○「つくり」あるいは「働き」に特長のある動物について考える活用場面の設定

　活用場面において，「働き」に特長のある動物（フクロウなど）をヒトやミニチュアホースの骨と筋肉の「つくり」や「働き」を関係づけて考えることを通して，新たな動物の「つくり」あるいは「働き」について問題を見出したり，その問題を自分なりに表現し説明したり，見直したりすることができると考える。

未来そうぞう科

国語科

社会科

算数科

理科

図画工作科

家庭科

体育科

道徳科

外国語活動・外国語科

2 授業の実際

目標　○「フクロウの首が270度回る」という特長から，ヒトなどの骨や筋肉の「つくり」あるいは「働き」を関係づけて，表現したり，説明したりすることができる。

【思考力，判断力，表現力等】

○他の動物の特長から，ヒトなどの骨や筋肉の「つくり」あるいは「働き」を関係づけて，表現したり，新たな動物の特長に問題を見出したりすることができる。

【そうぞう的実践力】

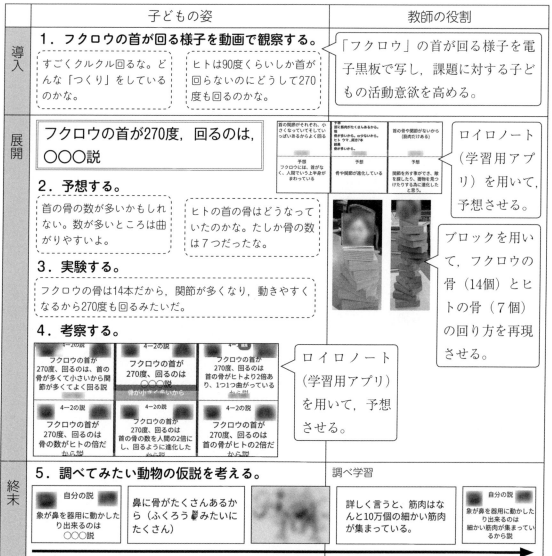

	子どもの姿	教師の役割
導入	**1．フクロウの首が回る様子を動画で観察する。**　すごくクルクル回るな。どんな「つくり」をしているのかな。　ヒトは90度くらいしか首が回らないのにどうして270度も回るのかな。	「フクロウ」の首が回る様子を電子黒板で写し，課題に対する子どもの活動意欲を高める。
展開	**フクロウの首が270度，回るのは，〇〇〇説**　**2．予想する。**　首の骨の数が多いかもしれない。数が多いところは曲がりやすいよ。　ヒトの首の骨はどうなっていたのかな。たしか骨の数は7つだったな。　**3．実験する。**　フクロウの骨は14本だから，関節が多くなり，動きやすくなるから270度も回るみたいだ。　**4．考察する。**	ロイロノート（学習用アプリ）を用いて，予想させる。　ブロックを用いて，フクロウの骨（14個）とヒトの骨（7個）の回り方を再現させる。　ロイロノート（学習用アプリ）を用いて，予想させる。
終末	**5．調べてみたい動物の仮説を考える。**	調べ学習　詳しく言うと，筋肉はなんと10万個の細かい筋肉が集まっている。

3 実践のためのポイント

○調べてみたい動物の仮説を考えることだけに留めるのではなく，家庭学習等で調べ，仮説を立証しようとする場を設定することで，子どもたちの学びがより一層促進される。

5 造形活動を通して育む未来そうぞうの資質・能力

1 図画工作科における未来そうぞう

(1)めざす子ども像

　図画工作科におけるめざす子ども像は「〈いま－ここ〉[i]の対象や事象を受け入れ，多様性を認め合い，新たな意味や価値をつくり出そうとする子ども」である。「〈いま－ここ〉の対象や事象」とは，材料・用具・形や色などの具体的なものから，それらのイメージ・自分や他者の思いや価値観など抽象的なものまでを指す。また，「受け入れ」とは，それらの対象や事象を，ありのまま受け入れることである。「多様性を認め合い」とは，自分の考えとは違った他者の考えを排除せず，そこにあるものとして認め合うことである。「新たな意味や価値」とは，対象や事象に付随した普遍的なものではなく，自分にとって，または，自分を含めた他者にとってのものである。

　子どもたちは，形や色などから，面白さやよさ，美しさを感じ取り，イメージを広げていく。材料・用具，他者などと関わりながら〈いいこと〉[ii]を考え，これまでの経験を活かしながら，今を手がかりに思いついたことを試していく。そこでつくり出されるものは，ものとしての作品を超えた新しい意味であり，新しい自分である。このことが，〈いま－ここ〉を生きることであり，未来をそうぞうしていることになると考える。

(2)図画工作科がになう3つの実践力

主体的実践力を発揮している姿	子どもの思考
○他教科・他領域・生活経験などの学びから，表したいことや表し方，活動などを自ら選び決め，よりよくしようとしている姿	・「この△と□って，算数でやったみたいに，きれいにならべてみたら面白そう！」 ・「図工でやったこと，家でもしてみたよ！」
協働的実践力を発揮している姿	
○友だちの考えや表し方を受け入れ，表現に活かし，楽しんでいる姿	・「友だちのアイデア，面白い！」 ・「自分とは違うけど，それもいいね！」 ・「友だちのいいところ見つけた！まねしよう！」
そうぞう的実践力を発揮している姿	
○もの・もの，もの・こと，こと・ことの新しい関係を自分なりにつくっている姿	・「この材料で，この道具を使ってみよう！」 ・「この考え方で，これをといてみよう！」 ＊「図工で学んだことを図工で使う」だけではなく，今まで生きてきた中で得た知識などを総合的に働かせ，決まった答えにとらわれることなく，"新たなものをつくりだそうとする力"を発揮し，新たな意味や価値をつくりだそうとすること。

2 そうぞう的実践力を発揮させるための手立て

　子どもたちは，図画工作科の授業での一つ一つの行為を通して，常に意味や価値をつくり，つくりかえ，つくっている[iii]。この時，同時に，本校が設定する３つの資質・能力のうち，特にそうぞう的実践力[iv]を発揮しているということができる。子どもたちはこの能力を，常に発揮しているのだが，よりこのような状況が多く生み出される題材を設定することで，どのような状況においても，新たな意味や価値をつくり出そうとする力が育まれると考える。

⑴ 「造形遊び的思考[v]」を生かす工夫

　「造形遊び的思考」とは，手や体を動かさず頭の中だけで想像するのではなく，まず材料や形や色などに働きかけることによって思いつくことを重要とする考え方である。造形遊び的思考の一連の流れの中で，子どもたちは，自分にとっての新たな意味や価値を見出すことができると考える。そのため，造形遊びをする活動の題材はもちろん，それ以外の題材においても，材料等に働きかけて感じたことから思いついたり考えたり，造形遊び的思考を大切に表現できる内容を設定する。

⑵ 「自─他」の違いや共通点を感じやすい題材設定

　つくったものをお互い鑑賞し合うだけではなく，例えば，体験的に感じることができる題材を開発することで，自他の感じ方や考え方の違いや共通点に気づいたり面白がったりすることができる。また，各題材の中で，鑑賞したことを共有する時間をしっかりとることも有効であると考える。

　また，多種多様な材料の中に，初めて出会う材料も設定することで，既存の概念にとらわれない行為が生まれ，より違いや共通点を感じやすくなると考える。

---

i この〈いま─ここ〉の捉えについては，発達心理学者浜田寿美男氏の〈ここのいま〉の概念を参考にした（浜田寿美男，『「私」とは何か』，講談社選書メチエ，1999など参照）。浜田氏は，著者『「私」とは何か』において，この身体の周りのごくわずかな範囲だけが，厳密な意味での自分の実感のある世界であり，周囲のものごとを，この身体によってとらえ，動かしているとし，「私」は「私」の「この身体」のある〈ここのいま〉を生きている，と述べている。また，元文部省教科調査官及び視学官の西野範夫氏は，造形遊び等図画工作科に関する考察の中で，子どもの生きる世界や意味生成を論じる際に，「今，ここ」と言う言葉を用いている。（西野範夫，「〈新教育〉を立ち上げる造形遊び」，『美育文化』，Vol.48，No.18美育文化協会，1998，pp.52-53など参照）
ii 〈いいこと〉とは，一般的な良い悪いではなく，その子にとって価値のあることを指す。
iii 阿部宏之，『平成29年版　小学校新学習指導要領ポイント総整理図画工作』，東洋館出版社，p141，大泉義一，「内容取り扱いに関して児童のよさや個性を生かす活動」において，大泉は，活動の全過程において，子供が「つくり，つくりかえ，つくる」こととは，子供が自分のよさや可能性を見出すことと同義であると述べている。
iv 「そうぞう的実践力」は，よりよい未来をつくるために，新たな意味や価値を生み出し続けることができる力。
v 造形遊びそのものではなく，造形遊びの考え方のこと。「造形遊びをする」では，子どもが自ら材料や場所などに働きかけ，そこから発想していく。

事例1

第 2 学年 われら〇〇たんていだん
〜絵のぐにはスキがいっぱい！編〜

1 題材について

(1)題材の内容

　本題材は，とろみをつけた絵の具を，紙の上にのせて，紙を動かしたり手を使って混ぜながら，紙に色がついたり，指の動いた軌跡が残ったりすることを楽しむものである。つまり，初めから表したいものがあるわけではなく，感触や色の混ざりなどを楽しむ中で，表したいものを思いつく題材である。目の前のひと・もの・ことの変化から表したいものを思いつくということは，そこに何らかの意味や価値を見出していると言い換えることができる。「今ここ」にあるものやことに，自分なりに意味や価値を見出していくことは，予測不能な世の中を生きていく上で重要になってくる。本題材を通して，本題材中だけでなく，その後のそれぞれの子どもたちが，自分たちの生活で活かしていけるようにしていきたい。

(2)題材の目標

・様々な種類の粘度の絵の具を使い触れたりかいたりすることを通して，変化する形や色に気づくことができる。

・様々な種類の粘度の絵の具の使い方を工夫することができる。　　　　　　　　　【知識及び技能】

・様々な種類の粘度の絵の具をさわったり，色をつけたりすることを通して，自分の表したいことを思いつくことができる。

・様々な種類の粘度の絵の具や紙の上にのった絵の具，かいたものから，面白さを感じ取ることができる。　　　　　　　　　　　　　　　　　　　　　　　【思考力，判断力，表現力等】

・様々な種類の粘度の絵の具をさわったり，色をつけたりすることを通して，形や色やイメージを楽しもうとすることができる。　　　　　　　　　　　　【学びに向かう力，人間性等】

(3)未来をそうぞうする子どもを育成するために

○「やってみたい！」と思える材料の提案（そうぞう的実践力）

　絵の具を使う時，パレットに少しだけ出されたものを想像する子どもが多い。今回は，バケツたっぷりの量と，粘度の違う（さらさら，ぽちょん，とろとろ，どろどろ）絵の具を用意し，「さわってみたい！」という気持ちの高まりを促す。絵の具の量や絵の具の粘度の違いを楽しみながら，画用紙の上で起こる絵の具の色や様子の変化に驚くことで，目の前で起こったことを1つの知識として蓄えることができる。

○準備物

教師：粘度の違う絵の具・プラスチックカップ（絵の具を取るもの）・画用紙など
子ども：汚れてもいい服装

未来そうぞう科

国語科

社会科

算数科

理科

図画工作科

家庭科

体育科

道徳科

外国語活動・外国語科

② 授業の実際

目標　○様々な粘度の絵の具から，かきたいものやりたいことを思い付くことができる。

【そうぞう的実践力】

	子どもの姿	教師の役割
導入	**1．絵の具の置いてある場所を確認し，学習のめあてをつかむ。** 水みたいな絵の具を使ったら，海とか川が描けそう！　　どろっとした絵の具は，いろんな色を混ぜたら面白そう！	水のような絵の具なら…，どろどろの絵の具なら…どんな絵を描いてみたいか，どんなことをしてみたいかを共有してから，活動に入るようにする。 床に落とすと滑りやすくなるので，注意を促しておく。
展開	**2．絵の具に触りながら，絵に表したり，面白い形や色を見つけていく。** いろんな種類の絵の具を使って，画用紙をうめつくそう！ 見てみて！　こんなんになった！  絵の具を指で触るのって気持ちいい！　小さい丸描いてみよう！ 絵の具をお皿の上で混ぜて，新しい色をつくって…。	何を楽しんでいるかを感じながら，お気に入りを聞いて回るなどする。 手を汚すことが苦手な子どもには，筆やはけなどを使うことを提案してみる。 十分な量の絵の具を用意しておく。
終末	**3．後片付けをし，自分のやったことや自分の画用紙について発表する。** このどろ〜って流れているところがかっこいいところです。 	みんなのおすすめポイントなどの発表を聞いてから，画用紙を見てまわる時間を取るようにする。 発表の時に，みんなが見られるように，スクリーンなど写真を提示できるものを用意しておくとよい。

③ 実践のためのポイント

○絵の具の粘度を変える方法はいくつかあるが，今回は，ポスターカラーに①水を混ぜてさらさらにしたもの，②とろみ調整食品を少し混ぜたもの，③とろみ調整食品をたくさん混ぜたもの，④ポスターカラーそのままの４種類準備した。

事例2

第5学年

あれもこれも形・色
～生活を彩（いろど）る造形から～

1 題材について

(1)題材の内容

　本題材は，身の回りの造形を鑑賞の対象とし，当たり前のように身近にある形や色といった造形的な特徴に改めて着目し，そのよさや美しさについて考えたり感じ取ったりした後，生活の中の造形をもとに，自分の生活をより楽しく豊かにする形や色について発想し，表す題材である。

　自分が好きなものの，形や色を使ったり，組み合わせたりしながら，生活の中の造形をよりよく工夫して表す活動を通して，それぞれの見方や感じ方を深め，生活で活かしていけるようにしていきたい。

(2)題材の目標

・生活の中の造形の，形や色などの造形的な特徴を理解することができる。

・生活の中の造形を基に，自分が思い付いた形や色を工夫して表すことができる。

【知識及び技能】

・生活の中の造形を基に，よりよさや美しさを感じられる形や色を考えることができる。

・生活の中の造形の造形的なよさや美しさを見付け，見方や感じ方を深めることができる。

【思考力，判断力，表現力等】

・主体的に生活の中の造形に着目し，生活を楽しく豊かにする形や色について考えようとすることができる。　　　　　　　　　　　　　　　　　　　　　　　　【学びに向かう力，人間性等】

(3)未来をそうぞうする子どもを育成するために

○よりよくしたい！と変えていく力（そうぞう的実践力）

　「こんなものがあったらいいのにな」と，誰でも考えたり，思いついたことがあるはずである。自分の生活の中で，あったらうれしくなるもの，毎日使いたくなるもの，そばに置いておきたくなるものを考えることは，楽しい活動である。しかし，いざそのものを一から考えたり，表現することは難しい。そこで，身近なものの造形に着目し，それをよりよくするための，形や色の工夫について考え，試し，変化させていくことで，新たなもののイメージが持てるようにする。

　○準備物

教師：タブレット端末，画用紙，粘土等（それぞれのプレゼンテーションに必要になるもの）
子ども：絵の具，カラーペン等（それぞれの表し方によって異なる）

② 授業の実際

目標　○思いついた生活の中の造形の形や色を工夫して表すことができる。　【そうぞう的実践力】

	子どもの姿	教師の役割
導入	**1．生活の中の造形について着目し，学習のめあてをつかむ。** お気に入りのバッグの形が気に入っているポイントだよ！　ピアノの形や色が，もっと色々あったら面白いのに…。	生活の中の造形のよさや美しさをふりかえり，形や色に注目できるようにする。 自分の生活を楽しく豊かにする造形について交流し，本時の活動の見通しを持てるようにする。
展開	**2．思いついた生活の中の造形の形や色を工夫して表す。** **思いついた生活の中の造形の形や色を工夫して表そう！** 　こんな靴があったらいいなあ！ 車の中のつくりまでわかるように立体で表すよ。 　 思いついたものをプレゼンテーションにまとめよう！	それぞれの表したいものに合わせて材料・用具を選択できるように支援する。 工夫を重ねながら表していけるように，製作過程での交流が活発になるように促す。
終末	**3．表し方の工夫を発表，交流する。** 　お気に入りのタイルを使って，キャンドルホルダーをつくってみました。	写真やスライド，立体作品など，それぞれの表し方に合わせた発表ができるように支援する。

③ 実践のためのポイント

○生活の中の造形を，よりよくしようとする観点から，形や色を工夫して表せるように，今あるものを組み合わせたり，お気に入りの形や色から発想が広げられるように支援する。

6 批判的思考力を活用し，よりよい未来の生活をそうぞうしようとする子どもの育成

1 家庭科における未来そうぞう

(1)めざす子ども像

本校家庭科では，めざす子ども像を「自分の生活を見つめ，家族の一員であることを自覚し，自分や家族・社会にとってよりよい生活や未来を創造しようとする子ども」としている。自分たちの生活を，多角的・多面的に見つめ直すことによって，これまで気がつかなかった現状に対する課題や社会とのつながり，未来につながるような課題に気がつき，それをよりよくするために試行錯誤しながら，自分や家族にとって，また，社会の一員としてよりよい生活，その延長にある未来を創りだそうとする視点を持つ子どもを育成していきたいと考える。

荒井（2009）は，批判的思考を「物事を偏見や思い込みにとらわれず論理的に考え，より良い解を求めようとする思考」と定義している。1）家庭科においては，現実をあるがままに受け止めることにとどまるのではなく「何のためにするのか？」「本当に価値があるのか？」などをじっくりと考えるために必要な力である。

本校家庭科で述べる批判的思考力は，問題を自分事と捉え，これまでの経験を生かして多面的・多角的に見つめ直し，「現状が一番よいのか？」「ほかによりよいものはないのか？」などをじっくり考え，そこから主体的に課題を見出し，解決へとアプローチする力である。

批判的思考力を高め，活用することで，今まで当たり前であったものを様々な視点（ここでは家庭科の見方・考え方）から見て検討することができるようになると考える。その力で課題を特定し，そこから自分にあった最適解を発見し，自分の生活，ひいては自分や社会の未来の生活へと活かしていくそうぞう的実践力を育成できると考える。

2 そうぞう的実践力を発揮させるための手立て

(1)批判的思考力を培い，活用する場の設定〜問題解決学習のプロセスを通して〜

批判的思考力を培うために有効な手立てとして，問題解決学習が考えられる。本校家庭科では，問題解決学習のプロセスを 問題への着目 ⇔ 課題の特定 ⇔ 解決方法の検討 ⇔ 活動 ⇔ ふりかえり ⇔ 生活に生きる活動 としてきた。まず「何が問題なのか」「なぜそれが問題なのか」を子ども自身が考え，「課題」を持つ。次に「現状はどうなっているか」「その課題の背景や原因は何か」「解決や改善の方法はあるのか」「方法の中でどれを選んだらいいのか」等を考え，自分なりの最適解を選択し，やってみる。その後，そこまでの自分の学びをふりかえることにより，選択した解決方法や活動が，自分の現実の社会や家族との生活に本当に適したものかあらためて検討する。そして，最後にこのふりかえりを活かして家族や自分の生活に活かせる活動を行う。そこで，新たに生まれた疑問を次の学習に向かう原動力とする。このプロセス

を繰り返す中で，批判的思考力が培われていくと考える。そして，最終的には，どのような状況で問題に直面した時でも，このサイクルを自律的に形成し，課題解決に取り組む姿をめざしたい。この姿こそ，これまでに培った批判的思考力を活用することで，主体的実践力が高められている姿と考える。

　また，このサイクルを効果的にはたらかせ，思考を深めるためには，友だちとの意見や考えの交流が不可欠である。同じ題材であっても「健康・安全」という見方から捉えるのか「消費」という見方から捉えるのかによって視点が変わることで，課題が変わる。友だちと意見を交わす中で，多様な見方・考え方に触れ，思考を広げ，深めていってもらいたいと考えている。クラス全体で，グループで，あるいは，家族と学び合える場を設定していく。

⑵相互に資質・能力を高めることのできる教科横断的な学習

　小学校「家庭」では，育成する資質・能力に係る３つの柱を示すにあたり，その冒頭で「生活の営みに係る見方・考え方を働かせる」ことが強調されている。ゴミが増加しているという問題を考えた時に，この問題は単なる環境問題という側面だけでははかれない課題を含んでいる。消費活動の視点や，健康に関わる視点など，どの見方で捉えるかによって様相が変化する。今後，社会がますます複雑になるにつれ，子どもたちを取り巻く生活や文化も複雑化するであろう。一面的な捉え方で物事を判断することは難しくなると思われる。学校で扱う題材も，様々な見方・考え方で捉える必要があり，未来そうぞう科はまさしくそのような今後の社会を色濃く反映した教科といえる。そこで，未来そうぞう科と家庭科，それぞれの資質・能力を相互に育み，高めるために，未来そうぞう科と家庭科で教科横断的な学習を行いたい。未来そうぞう科で扱う題材を家庭科の見方・考え方の視点で捉えたり，家庭科の題材を未来そうぞう科における見方・考え方で捉えたりすることで，それぞれの見方・考え方がより多角的・多面的になり，それぞれの学習で思考が深まることを期待したい。

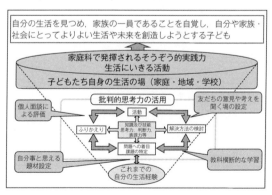

家庭科　全体構想図

【参考文献】荒井紀子編著『パワーアップ！家庭科　学び，つながり，発信する』2012年（大修館書店）
【引用文献】1）荒井紀子「なぜ今，批判的リテラシーか—批判的リテラシーとPISA，DeSeCoにみる世界の学力—」荒井紀子・鈴木真由子・綿引伴子編著『新しい問題解決学習：Plan Do See から批判的リテラシーの学びへ』pp.10-27，教育図書，2009年

第6学年 共に生きる生活
～持続可能な社会を防災から考えよう！～

1 題材について

(1)題材の内容

日本は美しい自然に恵まれている一方で，大きな自然災害も発生している。今年度も，災害が何度となく各地で発生している。子どもたちも自分たちなりに防災に関する意識を高め，自身でできることは行っていくという姿勢が必要だと考える。子どもたちは大阪教育大学の学生の方が開発してくださった題材[1]で「魚の缶詰」を使用したレシピづくりからローリングストック法について学んだり，未来そうぞう科の中で，「非日常」「無」といった言葉をもとに，"今の状況"より，少しでも"よい"を生み出す見方・考え方を培うために，様々な活動に取り組んだりしている。11月には，その経験を活かして，本当に何もないことを体験するために，自分たちで校庭キャンプを企画し，実行した。このような，実際に子どもたちがした「何もない」という経験から題材を設定し，最後は自分や家族の家庭生活に活かすことができるような活動にしたいと考える。衣食住や消費活動という自分の生活を支えるものを「防災」という視点から捉え，困難な状況の中でもよりよい状況を作り出すことができる力を培うことができればと思う。

(2)題材の目標

学習指導要領の資質・能力		そうぞう的実践力が発揮される姿
知識及び技能	被災時の生活や環境と通常の生活との違いを理解し，自分の生活に必要なものを理解することができる。	防災という視点で自分の家庭や学校生活をふりかえり，現在の家庭や学校生活や消費活動の中で自分なりにできることを考え，実践し続けることができる。
思考力，判断力，表現力等	被災時の生活や環境を想像し，自分ができることを根拠を持って考えることができる。考えた防災グッズやできることを家庭生活に活かし，よりよい生活になるように発信したり，工夫したりすることができる。	
学びに向かう力，人間性等	自分の生活をこれまで家庭科の見方・考え方を活かしてふりかえり，多くのものや人に支えられていることに気づく。気づいたことをもとに，防災に関心を持って課題に取り組むことができる。	

(3)未来をそうぞうする子どもを育成するために

○「未来そうぞう科」との教科横断的学習を設定することで主体的実践力が高まる

6年未来そうぞう科で自分たちの外側から災害を見る視点を培い，家庭科で自分事として災害を見る視点を培うことで，題材に対する理解や思考が深まり，よりそうぞう的な活動が可能になると思われる。

② 授業の実際

目標　○自分の考えと伺ったお話を関連づけたり，比較したりして，自分の考えをもう一度批判的に見直すことができる。　【思考力，判断力，表現力等】

　　　　○防災と家庭生活や消費活動との関わりに関心を持って，起こりそうな問題や解決方法を考えることができる。　【主体的実践力を発揮する姿】

	子どもの姿	教師の役割
導入	**1．ゲストティーチャーのお話をふりかえり課題に気づく。** 考えている以上に大変な問題が起こりそうだよ。 ゴミの問題や衛生面はあんまり考えられていなかったな。	前時での未来そうぞう科の授業とのつながりが意識できるように「よりよい未来をつくる」というめあてはそのままにしておく。
展開	**2．SDGsの目標とのつながりを確認して，めあてを共有する。** 11番住み続けられる街づくりには関係がありそう。 災害は13番気候変動の対策にも関わりがあるね。そこを意識したいな。 **もしも家で1週間，避難生活をすることになったら，どんな問題が起こるかな。もう一度考えよう！** 備蓄品がたりなくなるから，もらいに行く必要があるな。 学校にも行けなかったら，ストレスが溜まりそうだね。 	常に意識できるよう，SDGsの目標を提示する。 これまでの自分の考えとゲストティーチャーのお話や友だちの意見を聞いて考えたことが比較できるようなワークシートを準備する。
終末	**3．課題を日頃の生活に結びつけて考える。** 日頃から水の使い方や，ゴミを出さないものを買うような工夫がいるね。 	今の自分の生活や消費活動に結びつけて考えられている意見があれば，取り上げ全体に紹介する。

③ 実践のためのポイント

○災害というテーマを扱うと，どうしても題材を自分事と捉えにくい面がある。そこを子どもたちの意識や日頃の生活とどうつないでいくかが1つのポイントとなる。生活を扱う家庭科だからこそ，衣食住の中でそれをつないでいけるのではと思う。

【参考文献】 1）若浦　茜（大阪教育大学）「「魚の缶詰」を使った小学校家庭科の授業の検討」（2020，3　卒業論文）

未来そうぞう科　国語科　社会科　算数科　理科　図画工作科　家庭科　体育科　道徳科　外国語活動・外国語科

7 課題の解決に向けて "運動の楽しさ" をそうぞうする子どもの育成〜できる・わかるを積み重ねる授業〜

1 体育科における未来そうぞう

(1)めざす子ども像 "運動の楽しさ" をそうぞうしながら学ぶ子ども

以下に「"運動の楽しさ"」と「そうぞうしながら学ぶ」ことを定義する。

"運動の楽しさ" とは…

運動することを通して，
①わかっていることと，できることの差を埋めていく楽しさに価値を感じさせる。（できる・わかる）
②①の過程で，仲間とつながっていくことと，捉えている。

「そうぞうしながら学ぶ」とは…

「そうぞう」には，イメージの想像とクリエイトの創造という2つの意味を含んでいる。「イメージ・クリエイト」を往還させながら，「できる・わかる」を積み重ね，課題の解決に向かっていく過程と，捉えている。

(2)そうぞう的実践力を発揮している姿

体育科学習では，体を動かすことが主な活動である。その特性から「わかっているけれど，できない」，「できるけれど，説明できない」ことが子どもの中に起こる。その差があるからこそ，解決するために，自分で何度も試してみたり，人とつながることを必要としたりする。特に，友だちができた時の喜びが，自分ができた時と同じように感じられることや，友だちと考えが共有でき，動きを実現できた時に喜びを感じられることは，体育科学習ならではのよさと考える。体育科では，このような特性を活かし，そうぞう的実践力を発揮する姿を表1のように明記する。

表1 課題の解決に向けて "運動の楽しさ" をそうぞうする子ども

【そうぞう的実践力を発揮している姿】	
○自分自身や友だちと，試行錯誤しながら粘り強く考えたり，練習したりしながら，新しい視点を見出し，「できる・わかる」を積み上げ目標に近づいていく姿	
【主体的実践力を発揮している姿】	【協働的実践力を発揮している姿】
○各種の運動の特性に応じた行い方について理解しようとしている姿 ○基本的な知識や技能を身につけようとする姿	○約束を守り，助け合って運動をしたり，友だちの考えや取組を認めたりする姿 ○課題の解決に向けた学習の中で，人とつながりながら学んでいる姿

2 そうぞう的実践力を発揮させるための手立て

(1)イメージ・クリエイトを意識した学びのプロセスとそうぞう的実践力との関係

　従前の「できる，わかる」に着目しただけでは，子どもたちの学びの結果に注目しがちになってしまい，学びの過程を十分に評価して力を伸ばしていくことができないと考えた。そこで，未来そうぞう科の学びのプロセスにある「イメージ・クリエイト」を「できる・わかる」の前段階のプロセスと位置づけ，着目していくこととした。「イメージ・クリエイト」しているところを教師が価値づけていくことで，その姿が広まり，友だち同士でも「イメージ・クリエイト」のプロセスを踏んだ学びが行われるようになる。「イメージ・クリエイト」を往還させながら，「できる・わかる」を積み重ね，課題解決に向かっていく姿をめざす。

(2)対話と体ワ

　学習中に子どもたち全員と課題について対話して，その進捗状況を把握し，的確な支援や指導をすることは理想的であるが，現実的ではない。そこで，体育ワーク（体ワ）を学習後に子どもたちが書き，教師がチェックしておくことで，課題の把握や次時への言葉がけ，支援や指導の手掛かりとすることができる。学習中の対話と体育ワークを組み合わせることで，より多くの子どもに効果的な指導や支援を行うことができると考える。また，教師の声かけは，子どもたち同士の対話も活発にする働きを持つ。教師の言葉や視点を子どもたちが使ってアドバイスし合えるように意識する。

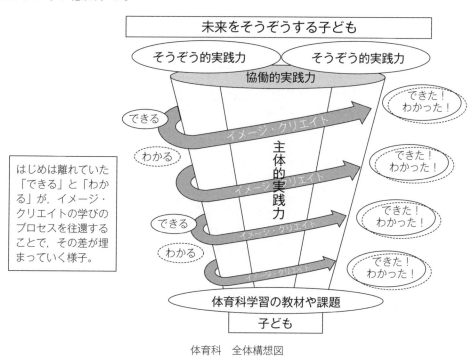

体育科　全体構想図

事例1

第5学年 私の走り方改革
～短距離走～

1 単元について

(1)単元の内容

　本単元では，自分の走り方について考えたり，試したりしながら自分の走り方と向き合っていく。走ることは様々な運動において，最も基本となる動きの1つである。基礎から応用へと発展させていきながら，「速く走る」方法を知って試し，速く走れるようになることを実感できればと思う。

　指導にあたり，まず，速く走るための方法を考え，知る。そして，できるようにするための方法を考え，練習に取り組む。

　速く走る方法を考える場面では，自分とアスリートの走り方を比べ，分析してみる。分析した結果を全体で交流し，速く走るために必要なことを考える。練習する場面では，自分たちで考えてきた速く走るための方法に基づいて，練習する。感覚づくりの運動や基礎から応用に向かっていく段階的な練習を取り入れ，自分の課題を見つけ，解決しながら学習を進めていく。子どもたちが自分の走り方を変えることで，感覚的にも数値的にも速く走れるようになった実感を持ち，走ることの楽しさに気づき，さらに体を動かす楽しさをそうぞうすることを支援したい。

(2)単元の目標

学習指導要領の資質・能力		そうぞう的実践力が発揮される姿
知識及び技能	自己（チーム）の記録の伸びや目標とする記録の達成をめざしながら，考えたり全力で走ったりすることができる。	・自分たちで考えた走り方をもとに，よりよい練習を選び，実行できる。
思考力，判断力，表現力等	自己の能力に適した課題の解決の仕方，競争や記録への挑戦の仕方を工夫するとともに，自己や仲間の考えたことを他者に伝えることができる。	・わかったことをできるようにするために，活動し続けることができる。また，新たにできたことや気づきを自分の走り方に加えるなどして，仲間に発信することができる。
学びに向かう力，人間性等	運動に積極的に取り組み，約束を守り助け合って運動をしたり，勝敗を受け入れたり，仲間の考えや取組を認めたり，場や用具の安全に気を配ったりすることができる。	

(3)未来をそうぞうする子どもを育成するために

　○学習中や体育ワークでの自己評価や指導者・仲間との対話の蓄積を可視化し，還元していく

　対話の蓄積を体育ワークで可視化する。全体での課題設定の場や個別の声がけの場面で，子どもたちに還元する。

② 授業の実際

目標　○自己や友だちの課題解決の仕方に工夫が見ることができる。【思考力，判断力，表現力等】
　　　　○新たにできたことや気づきを自分の走り方に加えるなどして，仲間に発信することが
　　　　できる。　　　　　　　　　　　　　　　　　　　　　　　　　　　【そうぞう的実践力】

	子どもの姿	教師の役割
導入	**1．本時のめあて，流れの確認** だいぶ走り方についてわかることやできることが増えてきたな。　前の時間は自分の走り方のどこに課題があるかはっきりしなかったな…。	体育ワークの記述を紹介してみんなが感じている課題を共有する。どのようにすればその課題が解決できるか考え，めあてにする。
展開	新しい気づきを自分の走り方に加えよう。 **2．準備運動** ・ふえおに ・ストレッチ 　まずは，鬼ごっこで体を温めよう！最後まで残りたいな！ **3．全体練習** ・姿勢（ジャンプ） ・腕振り ・足の回転 （スタートはいつも意識） 　全体練習で，しっかり体を動かそう。動きのポイントを思い出しながらやっていこう。 **4．チームで交流** ・前時までの成果 ・自分の課題の確認 ・見つけたコツやポイント ・自分なりの感覚など **5．チーム練習** 　今日は，ストライドを意識して練習しよう！ ・課題を確認しながら 　練習する **6．8秒間走** ・記録の測定 　記録は伸びていないけど，練習したスタートの部分の感覚がつかめたな。	基礎的な動きを確認しながら，体をしっかり温めさせる。各練習で，正しい行い方ができているか見て声をかける。 修正が必要な子どもを予め把握しておく。 個人の課題に合った練習をしているか，確認する。 コース上の安全に留意する。
終末	**7．ふりかえりをする。** 　自分や友だちの伸びを発表し，速く走る方法を全体で交流する。 **8．整理運動**	ふりかえる内容を焦点化する。 使った体の部位をしっかりほぐすようにする。

③ 実践のためのポイント

○子どもたちの課題を明確にするため，課題別のビブスを着用させて練習に取り組ませる。

○個人の記録を得点化し伸びを競えるようにする。個人記録の合計をチームごとに競う教材構成にすることで，チームとして勝つために個人の記録を伸ばしたり，チームの仲間と互いに見合ったり教え合ったりすることが自然に見られるようになる。

事例2

第6学年 マット＆シンクロ

1 単元について

(1)単元の内容

　本単元では，「シンクロマット」を教材とし，学習を進めていく。シンクロマットは，既習の技でも精度を上げることで，きれいに上手にできる面白さを知り，新たな技にチャレンジしたいと自らが意欲的に取り組める身体運動である。また集団で友だちの試技を見合う相互評価があることで，子ども自らのグループ内での協力が自然と生まれ，技の向上につながると考えられる。例えば，前転技でもより大きく見えるように技の練習に取り組んだり，グループで練習内容を考えたりすることなどが挙げられる。このようにグループで学習を行うため，自分自身ができているかを客観的に捉えることも容易になる。

　指導にあたっては，演技構成の中で，集団パートと個人パートに分けて考えさせることにする。集団パートでは，グループ全員でできる技（接転技）を練習し，精度を上げられるようにする。精度を上げる３つの視点を持って取り組ませることにする。①連続性②空間的広がり③時間的広がりとする。個人パートでは，新たな技（ほん転技）への挑戦をさせることにする。その際に，技の精度を高める視点として，着手の仕方やタイミング，手や足の位置がどこにあるのかなどの視点を子どもたちに提示しながら取り組ませることにする。また技をする場は，マットをつなげて並べた場やマットを大きな方形に並べた場を使用する。演技構成を考える際は，ライン進行表を用いて可視化できるようにする。子どもには，iPadや手型足型の教具を使い，考えた演技構成（技の精度）を客観視し，分析できるようにする。以上のように，子どもが主体的に取り組むことができるような学習活動を展開していきたい。

(2)単元の目標

学習指導要領の資質・能力		そうぞう的実践力が発揮される姿
知識及び技能	それぞれの技の技能ポイントやそれらを組み合わせた連続技の仕方がわかり，組み合わせた連続技ができる。	・体の使い方や時間差の組み合わせを工夫することができる。
思考力，判断力，表現力等	自己で考えたことを他者に工夫して伝えることができる。	・自分やグループの課題を見つけ，改善に向けて練習方法を考えることができる。
学びに向かう力，人間性等	・グループで協力して，運動に積極的に取り組むことができる。 ・場の安全に気を配り，約束を守りながら運動することができる。	

(3)未来をそうぞうする子どもを育成するために

　既存の技の精度を上げ，組み合わせることで，技の系統性など新たな価値を発見し，よりよいものにすることをそうぞうし，運動の楽しさを感じられると考える。

2 授業の実際

目標　○よいところや改善点を見つけ，アドバイスすることができる。【思考力，判断力，表現力等】

　　　○友だちと試行錯誤しながら練習し，技の精度を高めるためのコツを考え，取り組むことができる。

【そうぞう的実践力】

	子どもの姿	教師の役割
導入	**1．準備運動をする。** (1)ねこちゃん体操 (2)集団パートの技の練習をする。 ┌回転スピードを意識してみよう。┐　┌大きな前転にするためには，足を伸ばす意識が大切だな。┐	体をしっかり温めながら，合わせることを意識させる。 3つの精度を高める視点を意識させる。 
展開	**2．めあての確認する。** ┌─────────────┐ │自分が挑戦する技の課題を見つけ，グループで練習しよう。│ └─────────────┘ (1)個人パートの練習をする。 ┌倒立を「1・2」と数えて，止まれるようにしていこう。┐　┌手のつき方や足が伸びているかを見てもらいながらやってみよう。┐ ┌ゴム紐を使って，足を伸ばして技ができているか確認しよう。┐ 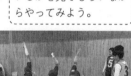 	 前時までの各チームの動画を確認したうえで，課題を伝え合う。改善に向けて技ができるようにチームで考えさせる。 技ができているかをチーム内で見合いながら練習を進められるように声かけしていく。 チームで話し合ったことを踏まえて，動きの改善などを褒めて，促していく。
終末	**3．全体で共有をする。** ┌次はこうしたらいいかも。他のチームの練習方法やタイミングの合わせ方を参考にしよう。┐ 	友だちと同時にやってみて，揃っているかからこれまでの練習で気をつけていた視点をもとに話をさせる。

3 実践のためのポイント

○シンクロすることが目的ではなく，合わせることで自分の課題を見つけ出すための手段として用いている。そうすることで，子どもたちの技の精度を上げる視点となる。

○技の精度を上げるための補助の仕方や見る視点などについて，子どもたちと共有することで子ども同士の教え合いが活性化されて，自ら上達に向けて取り組めるようになる。

8 よりよい未来を『そうぞう』するための道徳科の授業づくり

1 道徳科における未来そうぞう

　道徳科では，「よりよい未来を『そうぞう』するための道徳性」を養うために，道徳的諸価値の理解をもとに，物事を多面的・多角的に考えながら，自己の生き方についての考えを深めていく。道徳科と未来そうぞう科は，よりよい自分や生き方への見通しを持ち，それらを実現するための課題を考え，実践することへの意欲と態度が養われるという点では同様である。そこで，「よりよい未来のために，道徳的諸価値に関わる事象を自分自身の問題として受け止め，その解決と実現に向けて，物事を多面的・多角的に考え，自己の生き方について考えを深める姿」が，道徳科における「めざす子ども像」と考える。

　そして，「主体的実践力につながる姿」と「協働的実践力につながる姿」を両輪として発揮させ続けて，「そうぞう的実践力につながる姿」を養っていく。それぞれの姿を以下に示す。

・主体的実践力につながる姿：自己の生き方についての考えを深めるために，様々な道徳的諸価値に関する問題を自分事として受け止め，自律的に判断したり，粘り強く問題を解決したりしようとする道徳性。

・協働的実践力につながる姿：他者との関わりや集団や社会との関わりの中で，自らが他者と共によりよく生きようとするために，他者の多様な考え方や感じ方に触れて，よりよい集団や社会の形成につながる道徳性。

・そうぞう的実践力につながる姿：よりよい未来を「そうぞう」するために，道徳的諸価値に関する問題について，人間としてのよりよい解決を行うために，自分の意志や判断にもとづいて未来を見通して自己実現を図ろうとする道徳性。

2 道徳科における未来そうぞうの授業づくり

　答えのない問題にも納得し合える納得解を導き出すためには，問題を自分事として捉えたり，他者と対話して多様な価値観を肯定的に受け入れたりして，よりよい未来を「そうぞう」するための道徳性を養っていく必要がある。道徳科では，登場人物の心情や行動の根拠，道徳的価値について自分との関わりにおいて考えることによって，生き方についての考えを深めていく。道徳的に考えたり判断したりできる力を育成できるように，次の4つの視点に沿って授業づくりを行う。

(1)自分事として受け止める「場」の工夫

　まず，「教材」から，道徳的価値に関わる問題を把握し，自分の経験やその時の感じ方，考え方と照らし合わせる。次に，解決に向けての自分の考えを整理してまとめ，友だちと意見を

交流し合う。こうして，道徳的な「学び」の場として，「教材」「自分」「他者」と対話しながら，自己の生き方についての考えを深めて，納得解を見出せるようにする。

(2)ねらいにせまり，道徳的価値と「そうぞう」をつなぐ発問づくり

　主題に対する道徳的価値をきれいごとで理解するのではなく，主人公の悩みや人間としての弱さなどを明らかにして，自分の本音の気持ちで考えていくために，発問で子どもたちを揺さぶっていく。具体的には，登場人物の気持ちを考えるだけなどといった一面的な理解にとどまらず，登場人物に対する多様な立ち位置を意識できるように，発問を組み立てていく。

(3)考えを整理し，道徳的価値の理解を深められるような板書

　視覚的に自らの考えを整理し，自分事としてさらに考えたり，道徳的価値の理解を深めたりし，物事を多面的・多角的に考えられるような効果的な板書を心がける。具体的には，本時の学習で，最も考えさせたいところ（話し合わせたいところ）を中心に板書するようにして，登場人物（主人公）の考えの変容などを対比し，心の動きがわかる構造的な板書を考えていく。

(4)未来そうぞう科と関連を図る道徳科の主題設定

　道徳科の時間に様々な角度から想像したり，道徳的価値についての問題を多面的・多角的に考えたりすることで，道徳的な判断力が育まれ，未来そうぞう科の実践が充実する。未来そうぞう科の学習と道徳科の主題の関連を図ることで，道徳科の時間に考えた解決方法を実践する場を意識することができ，道徳的実践意欲と態度をより育むことができる。

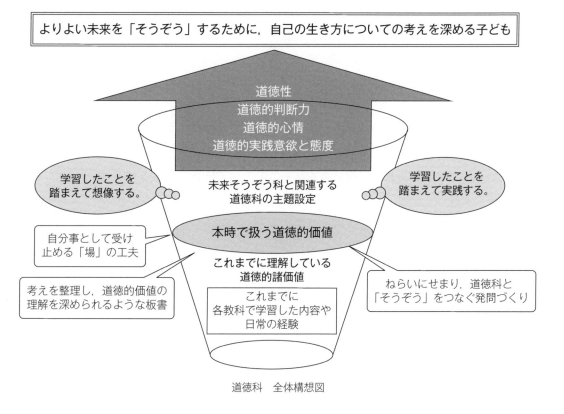

道徳科　全体構想図

事例1

第6学年 なりたい自分に

「夢」（東京書籍）

---

1 単元について

(1)単元の内容

　本単元は，高学年のA希望と勇気，努力と強い意思「より高い目標を立て，希望と勇気を持ち，困難があってもくじけずに努力して物事をやり抜くこと」という価値をねらっている。1人の人間として自立してよりよく生きていくためには，常に自分自身を高める意欲を持って，目標の達成に向けて粘り強く努力することが大切である。そのために，やるべきことをしっかりとやり抜く忍耐力を養うことが求められ，自分に適した目標を設定して向上心を育成することで，前向きに生きていこうとする態度につながってくる。

　この時期の子どもは，それぞれに将来の自分の姿を想像するようになり，自分の興味・関心から高い理想を求めることもある。様々な考えを持っている方の生き方に憧れたり，自分の夢や希望を膨らませたりする一方で，自分の理想とは違う現実を目の当たりにしたり，望んだ結果が出せない場合，自信が持てずに目標を見失うことや夢と現実との違いに気づいて落胆することもある。しかし，そのような場合においてでも，自己の向上のためにより高い目標を設定し，その達成に向けて，困難があってもくじけずに努力し続けようとする強い意志と行動力を育て，前向きに努力していくことが必要である。

　指導に当たっては，「プロ野球の選手になりたい」という主人公の気持ちを考えながら，「夢や目標を持ち，努力していくことは大切だ」という価値理解とともに，「困難や失敗に直面すると努力し続けることは難しい」という人間理解を図っていく。主人公は夢を実現できなかったが，「夢があったからこそ，今のぼくがいて，これからのぼくがある」と清々しい気持ちで，主人公が前向きに生きていこうとする姿を支えているものを考えていく。そして，困難を乗り越えたり，自分の生き方に誇りを持ったりすることで，前向きに人生を切り開いていこうとする心情を養うようにしたい。

(2)未来をそうぞうする子どもを育成するために

○道徳的な問題の納得解を見出すための「場」づくり

　「教材」「自分」「他者」と対話しながら，自己の生き方についての考えを深めて，納得解を見出せるようにする。「教材」からは，「夢に向かって努力するが，困難に直面する」「なかなか夢が実現しない」という問題場面で，主人公の立場に自らを置き換えて，主人公の心情や行動の分析をもとに，道徳的価値を客観的に見つめていく。また，多様な価値観の存在を前提に友だちと意見を交流し合うことで，自分の意見だけでなく，友だちの意見を取り入れて物事を多面的・多角的に考え，「自分」と対話して自らの考えを再構築できるようにしていく。

② 授業の実際

目標　○夢は叶わなかったけれど，ぼくの清々しい気持ちを考えることを通して，夢や目標に向かって努力することの尊さや，夢や目標を持って生き続けるすばらしさに気づき，前向きに努力していこうとする心情を養うことができる。【そうぞう的実践力につながる姿】

	子どもの姿	教師の役割
導入	**1．「夢」の実現に向けて努力をしても，夢が実現しなかったらどう思うか考える。** 夢が叶わないと悲しい。辛い。　本気で努力しても夢が叶わなかったら，諦めがつくと思う。　その夢を諦めて，違う夢を追いかける。	「夢」を実現するために努力する姿や，「夢」が叶わなかった時の姿を想像させることで，<u>本時の中心になる道徳的価値に迫りやすくする。</u>
展開	**2．資料「夢」を読んで話し合う。** **夢が実現しなくても，前向きに生きていくために大切なことを考えよう。** (1)ぼくが，「夢をあきらめたくない」と思った理由を考える。 練習ができない時も頑張ってきたから，夢が実現するまで諦めたくない。　厳しい練習も仲間とともに乗り越えてきた。家族も応援してくれた。 (2)夢が実現しなかったのに，どうしてぼくの心は清々しかったのか考える。 精一杯努力したから，悔いはない。 自分の夢を追いかけることができて幸せだった。 	今後の未来そうぞう科の活動に関連し，子どもの実態に応じた資料を用意し，ねらいとなる価値に迫っていく。 プロ野球の選手になる「夢」に対する様々な気持ちから，ひたむきに努力してきたことを想像する。そして，「練習が厳しい」「ケガをしてしまう」などの困難に対しても，くじけない主人公を支えていた気持ちを考えられるようにする。 これまでの主人公の努力を肯定的に捉え，夢が実現しなくても，努力をし続けることで得たものや成長した点を考えられるようにする。
終末	**3．本時の学習をふりかえり，わかったことをまとめる。** 夢が実現しなくても悔いのない生き方をしたい。　夢を叶えたいが，かなりの努力が必要だと思う。 	本時の学習で自覚が深まった事柄を明確に意識させ，<u>主人公の生き方を自分事として考えられるようにする。</u>

③ 実践のためのポイント

○子どもたちは，自分の夢に向かって努力していくことが必要だとわかっている。同時に，自分の夢が叶わないかもしれないとも感じることもある。そこで，主人公の気持ちを理解しながら，道徳的価値の実現の難しさや人間理解を深めていくことが重要である。

主体的に他者と関わり，その中に楽しさや喜びを見出せる子ども
〜「やりたい！」「できた！」の繰り返しを通して主体的実践力を育む外国語活動の授業づくり〜

1 外国語活動・外国語科における未来そうぞう

(1)めざす子ども像

本校の外国語活動のめざす子ども像とは，「外国語を使って，主体的に他者とコミュニケーションを図り，その中に楽しさや喜びを見出せる子ども」である。

外国語はコミュニケーションスキルの1つでしかなく，それ以上に「主体的に他者と関わっていく態度」や「違いを理解し，受け入れる態度」などの育成が必要であると考える。そこで，本校の外国語活動では，外国語（英語）というツールを通して，友だちや身近な人と関わったり，新しい文化などに出合ったりする中で，自分との違いを知り，互いに理解し合えることに楽しさや喜びを感じられる子どもの育成をめざしていく。

外国語活動では「やりたい！」「話してみたい！」といった「好奇心」から，「どうすれば伝わるんだろう？」という「探究心」が生まれ，その中で子どもたちは，自分の思いを伝えるために様々な表現方法を考えたり試したりしていく。また，上手くいかなかった時には，自分の表現をふりかえったり新たな工夫を考えたりすることで，課題に向かってさらに探求していく。そうした繰り返しが成功体験につながり，「できた！伝わった！」という「達成感」や新たな「好奇心」を生み出していく。そして，このような学びのサイクル（図1）が，子どもたちの主体的に他者と関わり続けようとする態度の育成へとつながり，「未来をそうぞうする子ども」を支えていくものであると考える。

そこで，未来そうぞうにおける3つの資質能力を発揮している姿を，外国語活動では次のように定義した。（これは6年生の卒業時にめざす姿であり，段階的にめざしていく姿である。）

主体的実践力

・諦めずに課題を解決しようとしたり，主体的に他者と関わろうとしたりする姿

協働的実践力

・相手のよい表現についてほめたり，必要な時にアドバイスをし合ったりしている姿

・身近な相手や他国の人々の考え方や文化について認め合っている姿

そうぞう的実践力

・課題の解決に向けて，今まで学習した言葉や表現，他者との違いを受け入れる中で得た学びなどを活用して，よりよい表現方法を考え，相手とコミュニケーションを図り続けている姿

2 そうぞう的実践力を発揮させるための手立て

本年度の外国語活動では，主に主体的実践力の向上から子どものそうぞう的実践力を発揮している姿をめざしていくこととした。そのための手立てが以下の2つである。

⑴「必然性」を生む学習の題材や目標の設定

　子どもたちが主体的に課題に向き合い，アプローチし続けるためには，「やってみたい！」「話してみたい！」という好奇心に加え，そこに英語を使ってコミュニケーションを行う「必然性」の生まれる題材の設定が必要である。例としては，外国の子どもたちや留学生といった，主として英語を話す人たちとの交流（交流授業，手紙交換，ゲストティーチャーとの交流授業）や，異学年間の交流，幼稚園との異校種間交流などがある。こうした交流の場を単元のコミュニケーション活動のねらいに位置づけることで，子どもたちに活動に取り組む「必然性」が生まれるとともに，明確な相手がいることで，諦めずに課題解決に向き合おうとする態度の育成ができるのではないかと考える。また，日本にある外国の言葉や文化の発見，自文化と他文化の共通点や相違点などに気づけるような題材や教材を扱うことも，異文化への興味・関心から子どもの主体的実践力を高めるきっかけとなり，さらには自文化のよさや素晴らしさに改めて気づく機会にもなると考える。

⑵言語活動とそれを支える言語材料の充実

　「言語活動」では，子どもたちは自分のことを知ってもらったり，相手のことを知ることができたりすることの楽しさや喜びを感じることができ，それが，自分と他者，自文化と他文化等を認め合おうとする態度の育成にもつながっていく。つまり，言語活動を充実させることで，子どもたちは英語を使ったコミュニケーション自体に意味や価値を見出すことができるのではないかと考える。しかしながら，言語活動を行うにはドリル活動（歌やチャンツ・発音練習・ゲーム活動等）による表現の定着や言語材料の蓄積は必要不可欠である。一定の言語材料の蓄積は子どもたちの活動への自信や意欲を高め，主体的な態度の育成へとつながっていくであろう。そのため，1つの授業内や単元内において，ドリル活動を適度に設定し，一定の言語材料の蓄積と共に，言語活動の充実を軸にした授業や単元計画を組み立てていくこととする。

　こうした①と②の手立てと共に，学びのサイクルを意識した授業づくりから，主体的に他者と関わり続ける子どもの姿をめざしていきたい。

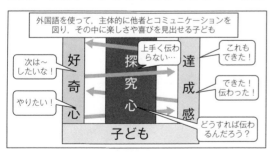

図1　外国語活動における学びのサイクルのイメージ図

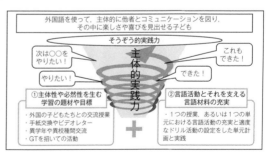

図2　外国語活動からアプローチする主体的実践力の育成の構造図

第4学年 自分の1日を紹介する My Movie をつくろう

「Let's Try! 2」Unit 9

1 単元について

(1)単元の内容

　本単元の題材は，実際に手紙交換をしているオーストラリアの友だちに自分の1日を紹介する「My Movie」を送ることをゴールとして設定した。伝える相手が明確にいることは，子どもたちが英語を学習することの必然性を感じ，主体的に学習に取り組む姿を生み出すと考える。

　また，本単元は，4年生の最後の学習として位置づけられているため，子どもたちは今までに学習したことばや表現に価値を見出したり，自分のことを紹介するために必要な表現を自ら選んで活用したりすることができるであろう。指導にあたっては，言語活動やそれを支える言語材料の定着を図る時間を確保し，子どもたちが自信を持って活動に取り組めるようにする。また，ICT の活用により，音声や動画から自らの表現を見直したり，友だちと表現を共有し合ったりする場を繰り返し設定することで，よりよい表現の工夫へとつなげていきたい。

(2)単元の目標

学習指導要領の資質・能力		そうぞう的実践力が発揮される姿
知識及び技能	・英語を使って，友だちの1日にすることや，その時間について，英語で尋ねたり答えたりすることができる。 ・自分の1日の様子について英語で伝えることができる。	自分の表現のし方について，友だちのアドバイスを聞いたり，自らふりかえったりする中で，よりよい表現のし方を考え，改善しようとすることができる。
思考力，判断力，表現力等	・友だちのよい表現についてほめたり，必要な時にアドバイスや教え合いをしたりすることができる。 ・自分の1日の様子がより伝わるように，ことばを選んだり，ジャスチャーを入れたりすることができる。	
学びに向かう力，人間性等	・外国の子どもたちの生活と，自分たちの生活の様子との相違点を進んで見つけようとすることができる。 ・1日にすることやその時間について積極的に尋ねたり，伝えたりしようとすることができる。 ・わからない言葉や知らない言葉について進んで調べようとすることができる。	

(3)未来をそうぞうする子どもを育成するために

○ My Movie づくりを通して，学びの必然性と相手意識を高め，そうぞう的実践力を発揮することができる

　My Movie づくりから，子どもたちに明確な相手意識が生まれ，ことば（英語の発音，正しさ等）だけでなく，表情やジャスチャー，Movie の撮り方や写り方など，ことば以外においても，よりよく伝えるための表現の工夫をそうぞうし，生み出していくことができると考える。

② 授業の実際

目標　○自分の表現について，友だちのアドバイスを聞いたり，自らふりかえったりする中で，
よりよい表現のし方を考え，改善できる。　　　　　　　　　　　　【そうぞう的実践力】

	子どもの姿	教師の役割
導入	**1．Greeting / Warm-up** (1)本時で扱う英語表現のインプットとアウトプットを行う。 (2)前時までの学習をふりかえる。 〔みんなどんなムービーを作ったんだろう？〕　〔私のムービーはオーストラリアの子に伝わるかな？〕	ALTの英語を聞いたり，一緒に発音したりすることで，ことばに対する意識を高める。 ムービーを送る相手を再度確認し，相手意識を明確に持てるようにする。
展開	**2．Activity** 友だちと交流して，My Movie をバージョンアップさせよう。 (1) My Movie を交流する視点を確認する。 〔ALTの先生は動作をつけているからわかりやすいね。〕 〔目線を上げたり，笑顔で話したりすると見ている相手が気持ちよく見れるね。〕 (2)グループで Movie を交流する。 〔○○さんの Movie は写真が入っているからよいなあ。真似してみよう！〕　〔自分の好きなことも紹介すると楽しい Movie になるなあ。〕　〔グループで見つけたよい工夫や動画を全体で共有する。〕 〔初めと終わりに Hello や Goodbye を入れると親しみがわくね！〕	ALTの My Movie（よい見本）と担任の My Movie（よくない見本）を見比べ，相手によりよく伝えるための工夫について考え，その視点を全体で共有する。 英語の発音や正確さだけでなく，表情やジェスチャーなど，見る相手が喜んだり楽しんだりするための工夫に意識を向けられるようにする。 交流の中での気づきや友だちからのアドバイスをワークシートに書き，次回へとつなげられるようにする。
終末	**3．Reflection** (1)今日の活動をふりかえり，次回への見通しを持つ。 〔もっと英語を練習して，スラスラ言えるようになりたいな！〕　〔自分らしい Movie を作って，早くオーストラリアの子に見てもらいたいな！〕	作った Movie はロイロノートで全員が見ることができるようにしておく。

③ 実践のためのポイント

○伝える相手が明確にいることは，子どもたちが自らの英語表現に対する意識を高めるとともに，言葉以外の伝え方（表情の豊かさ，ジェスチャー，見せ方）にも目を向け，表現の幅を広げることにつながった。

おわりに

　本書は，文部科学省研究開発指定校4年間の研究を締めくくる一冊となります。思い返せば4年前。「未来をそうぞうする子どもとは？」「どんな力が必要？」何もない中から，私たちの研究は始まりました。見通しの持ちにくい今の世の中，子どもたちが希望をもって未来を生きていくために何が必要なのか，教員皆で頭を突き合わせ話し合った日々。研究を進める中で突き当たる壁，一から教科やカリキュラムをつくる難しさ，全教員で同じように理解して進めることの大変さ…一つひとつが初めての経験でした。そんな中で，次第に「今日の〇〇さん〜なことがあって，そうぞう的実践力が光ってた！」「この姿まさにレジリエンスや！」など，職員室内でも未来そうぞう科を軸に子どもを語り合う姿が日常となっていきました。

　そんな中で迎えた2020年。新型コロナウイルス感染症が全世界に拡大し，大混乱が世を包みました。誰も予測しなかったまさかの事態。学校も長期間休校。この未曾有の状況の中，大人でも希望を見出せず不安になる日々が続いていました。その中で，本校の児童が見せた姿。それは，「今こそみんなで未来そうぞう」のテーマのもと，「コロナが広がって人間が飼えなくなったペットを飼える仕組みを作りたい」「みんなの命を守るために医者になりたい」「人だけでなく地球が喜ぶ世界を創ろう」など，希望を持ってよりよい未来を考える姿。また，「今だからこそお料理にチャレンジした」「時間があるのでダンゴムシの研究をした」「困っている人のためにキッチンペーパーでマスクを作って配った」など，今だからこそできる未来を想像し創造する姿。これは，本研究でめざしていた「どんな状況においても，自ら考え，共に協力し，あきらめずに，よりよい未来を想像し，創造できる子ども」つまり「未来をそうぞうする子ども像」そのものでありました。このような形で本研究の成果が見られるとは予想もしていませんでしたが，まさに「どんな状況においても」という今，本研究で培ってきた力が，子ども自らが未来を創り出す支えとなったのであれば，こんなに喜ばしいことはありません。

　最後に，本書を発行するにあたって，4年間に渡ってご指導くださった文部科学省の方々，常に本校の研究について細部まで丁寧にご指導くださった運営指導委員長・木原俊行先生をはじめとする運営指導委員の先生方，授業実践について貴重なご意見をくださり，様々な場面でご指導・ご助言いただいた公立学校や教育委員会，大学，並びに本校旧職員の方々，本研究において子どもの新たな出会いや発見につながる貴重な機会をくださったゲストティーチャーの方々や地域の皆様方。平素より本校教育活動にご賛同・ご協力いただいているPTA及び児童教育振興会の皆様方。ここまで温かく支えていただいたことに心より感謝いたします。研究開発指定校を終えた現在も，教育課程特例校として「未来をそうぞうする子ども」の研究を継続しているため，ぜひ本校の研究会にお越しいただいた際には忌憚のないご意見をいただければ幸いです。今後も本研究が，子どもたちの未来そうぞうにつながっていくことを心より願います。

　2021年1月　　　　　　　　　　　大阪教育大学附属平野小学校　副校長　岩﨑　千佳

■運営指導委員の先生方

大阪教育大学	木原　俊行	先生
関西学院大学	佐藤　真	先生
和歌山大学	豊田　充崇	先生
大阪教育大学	金光　靖樹	先生
大阪教育大学	峯　明秀	先生

■研究同人

出野　卓也（校長・大阪教育大学教授）

岩﨑　千佳（副校長・国語科・未来そうぞう科）

南　　千里（主幹教諭・家庭科）

山脇　美穂（未来そうぞう科）	渡邉　和也（未来そうぞう科）	藤井　義光（国語科）
南野　陽子（国語科・未来そうぞう科）		大屋　智　（社会科）
塩根　航平（社会科）	戸ヶ崎晋平（算数科）	早野　優一（算数科）
山中　圭輔（算数科）	坂口隆太郎（理科）	
笠原　冬星（理科・国語科）	城野　知佐（図画工作科）	
ピオルコフスキー潤（図画工作科）	髙田　遥　（音楽科）	
島本　政志（音楽科）	冨嶋　瑛　（体育科）	東　亮多　（体育科）
寺西　克倫（道徳科）	砂田　渚　（外国語科）	檀上　渚紗（養護教諭）
谷口　恭子（栄養教諭）	御田　眞帆（任期付教諭）	道端　仁　（任期付教諭）

令和2年3月異動

四辻　伸吾（副校長・未来そうぞう科）	川俣　尚之（理科）
榎本　博美（未来そうぞう科）	杉山　春明（任期付教諭）
藤田　紗穂（任期付教諭）	山下　剛生（任期付教諭）
秋葉美千代（任期付教諭）	

【著者紹介】

大阪教育大学附属平野小学校
（おおさかきょういくだいがくふぞくひらのしょうがっこう）

〒547-0032
大阪府大阪市平野区流町1丁目6番41号
TEL　06-6709-1230
FAX　06-6709-2839

【主な著書】

『基礎学力の現代化』（明治図書1973）
『基礎学力の評価』（明治図書1977）
『基礎学力の指導法』（明治図書1980）
『自己変容のある学習』（東洋館出版社1987）
『子どもが創り出す学習』（東洋館出版社1990）
『学習の個性化における教師の役割』（東洋館出版社1993）
『学習の個性化における評価と指導』（東洋館出版社1996）
『総合的学習のカリキュラム』（明治図書2000）
『21世紀の学びを創り出す』（明治図書2001）
『「考える力」を育てる学び合い活動』（明治図書2014）
『学びを創り続ける子どもを育む主体的・協働的・創造的な授業づくり』（明治図書2016）
『未来を『そうぞう』する子どもを育てる探究的な授業づくり』（明治図書2018）
『未来を『そうぞう』する子どもを育てる授業づくりとカリキュラム・マネジメント』（明治図書2019）
『未来を『そうぞう』する子どもを育てる授業づくりと学習評価』（明治図書2020）

「想像」∞「創造」が育む
未来を『そうぞう』する子ども
―各教科・領域の20事例を一挙公開！―

2021年3月初版第1刷刊　Ⓒ著　者　大阪教育大学附属平野小学校
　　　　　　　　　　　　　発行者　藤　原　光　政
　　　　　　　　　　　　　発行所　明治図書出版株式会社
　　　　　　　　　　　　　　　　　http://www.meijitosho.co.jp
　　　　　　　　　　　　　（企画）木山麻衣子　（校正）吉田茜
　　　　　　　　　　　　　〒114-0023　東京都北区滝野川7-46-1
　　　　　　　　　　　　　振替00160-5-151318　電話03（5907）6702
　　　　　　　　　　　　　ご注文窓口　電話03（5907）6668
＊検印省略　　　　　　　　組版所　藤　原　印　刷　株　式　会　社

本書の無断コピーは，著作権・出版権にふれます。ご注意ください。

Printed in Japan　　　　　　　　　ISBN978-4-18-067825-9
もれなくクーポンがもらえる！読者アンケートはこちらから　→